徳の教育と哲学

理論から実践、そして応用まで

立花 幸司

編著

東洋館出版社

まえがき

　学校教育では、人としての「生き方」に自覚的になることの重要性が唱えられている。そして、自らの生き方を自覚し生きる力を養うために、「知・徳・体」の育成が掲げられている。これら３つのうち、「知」と「体」は分かる（気がする）が、「徳」とは何だろうか。「徳」の育成が生きる力を養うことになるとはどういうことだろうか。そして、学校という場で営まれる様々な教育活動は、具体的なところ、徳を育むことにどのように関わるのだろうか。本書は、徳を理論と実践の両面から多角的に捉えることでこうした問いに応えようと編まれた一冊である。

　「理論編」と題された第１部では、徳に関する様々な理論や思想が登場する。徳とは、洋の東西を問わず歴史的に古くからある概念である。読者は、この第１部に登場する様々な理論の学びをつうじて、徳について全般的な理解を得ることができる。第１章では、西洋のアリストテレス的な徳の考え方を下敷きに、現代の徳の議論の起爆剤となった徳倫理学を概観する。つづく第２章では、徳倫理学を元に 1980 年代以降展開し始めた知識に関する徳を論じる徳認識論の概要を説明し、さらに第３章では、その知識のあり方を裏面から問い直す認識的不正義という領域が紹介される。これらをうけて、第４章では、徳倫理学や徳認識論の教育学、特に教育哲学での論じられ方が説明される。さいごに、第５章では、そうした西洋の流れとは異なりつつも、日本における影響の点では小さくない、東洋における徳の考え方が紹介される。

　第２部は「実践・応用編」である。第１部で得た徳の見取り図をもとに、学校という場での様々な教育活動が実際にどのような点で徳を育む活動となっているのか、また、徳の育成という観点から捉え直してみた場合、その教育活動にはどういった特徴や課題があるのかが論じられ

る。第2部を読むことで、読者は日本の学校教育と徳の関係が具体的に見えるようになる。第2部の最初となる第6章は、徳の育成ともっとも関係の深い、道徳教育について徳の育成が検討される。第7章では、徳の育成という観点から部活動のあり方が考察され、第8章では、一般に教師は生徒の徳の育成とどのように関わるのか、また、教師に求められる徳とは何かが考察される。第9章では学校保健において、養護教諭の活動や保健室という場がもつ意義が徳の観点から考察され、第10章では、学習支援制度の一つとしてアカデミック・アドバイジングに注目しながら、教室外で指導する担当者に求められる徳が検討される。つづいて、より幅広い取り組みとしての教育活動に視点を移し、第11章では情報リテラシー教育が関わる認識的な徳のあり方が、第12章ではシティズンシップ教育が育む徳のあり方が、それぞれ検討される。そして、第13章ではクリティカルシンキングとはどのような徳なのかが、第14章では哲学対話は徳の育成のための手段に過ぎないのかが検討される。

　最後に、本書の読み方について述べておこう。構成上、第1部の理論編を通して読んでから、第2部のなかで関心のある具体的なトピックを読み進めていくと分かりやすいようになっている。第2部の具体的なトピックは相互に繋がっているので、1つを読むとそこから芋づる式に他のトピックへと関心が拡がるのではないだろうか。しかし、実際には多くの学びがそうであるように、第2部の気になるトピックから読み始めてもらっても全然構わない。そうして、そこで出会った様々な考え方や言葉の背景や文脈を知るために、関連する第1部の章を読んでもらうという読み方もあるだろう。そのあたりは、読者の好きなように読み進めてもらえれば幸いである。

（立花幸司）

「徳の教育と哲学」もくじ

第1部
理論編

第1章
徳倫理学（西洋）

1．徳倫理学の復興とその基本主張

　我々は日々の暮らしのなかで、大きな決断を伴うものから、ほんの些細なものまで、何らかの行いをなしては、その行為が善かったのか、それとも悪かったのかと振り返る。友人に対して嘘をついてしまったことを悔いたり、世間に目を向ければ人工妊娠中絶や安楽死の是非が議論されていたりする。そうした人間の行為の善／悪、正／不正の基準を探究し、定めていく学問分野が倫理学（ethics）と呼ばれる[1]。

　行為の善し悪しを考慮するとき、たとえばある人は、その行為によって、行為の影響を受けた相手や関係者が、どの程度幸福になったか（あるいは不幸になったか）を考え、善悪の判断をする。またある人は、どのような結果を招くかに関わらず、嘘をつくという行為は悪だと考える。非常に簡素化しているが、学問としての倫理学においても、ここで挙げた二つの考え方が主流であった。前者は功利主義（utilitarianism）に、後者は義務論（deontology）に接近していることになる。両者ともに18世紀末に生じたものであり、倫理学における二大理論といってよい。

　功利主義にしたがえば、行為が正しいのは、その行為の帰結が最大多数の最大幸福を満たすときである。こうした考えは、行為の結果からその行為の正当性を主張するため、帰結主義と呼ばれることがある。一方で、義務論の代表例であるカント倫理学では、そうした帰結主義の立場はとらず、その行為自体の正しさ、すなわち、その行為が普遍性を志向

する義務に基づいてなされたものであるかを問題とする[2]。

　本章のテーマである徳倫理学（virtue ethics）は、これら二つの理論が主流であった倫理学において、20世紀半ば以降に復興してきた。徳（virtue）とは、「卓越性」を意味するギリシア語の「アレテー（*arete*）」に由来する。したがって徳倫理学とは、行為者の有する卓越性＝徳に基づいて、行為の善し悪しを考えていく倫理学上の一つの立場だといえる。行為の善し悪しを判断するとき、徳倫理学に与するとすれば、その行為に、行為者の〈誠実さ〉が反映されていただろうか、〈忍耐強さ〉が欠如していたのではないか、と問うことになる。徳倫理学の代表的な論者であるハーストハウスにしたがえば、ある行為が正しいのは、有徳な行為者であればそうするであろう、と考えられるからである（Hursthouse 1999）。

　徳倫理学をより精確に理解するには、それが哲学、倫理学の長い歴史において、比較的近年になって復興したことの意味を知ることが重要になる。とりわけ、以下の三つの側面から徳倫理学の主義主張を理解することができる。

　第一に、20世紀の倫理学では、そもそも倫理とは何か、善い／悪いという倫理的判断することは何を意味するのか、というメタ倫理学的問いに関する議論も盛んであり、そうした議論においては、表出主義（expressivism）や情緒主義（emotivism）と呼ばれる見方が優勢であった。すなわち、倫理に関わる判断を述べることは、事実を記述しているのではなく、個人の好みや態度の表明にすぎないという考えが脚光を浴びていた。こうした考えのうちでは、どのような倫理的判断であっても、あくまで個人の態度を反映しているにすぎないとされ、その判断の対象が真理であるか、ほんとうに善いものであるかといった探究は困難になる。徳倫理学を先導した論者は、こうした倫理学における表出主義・情緒主義に対して懐疑の目を向け、倫理的な善さを人間のもつ生物的・自然的な善さや共同体のうちに見出そうとした（MacIntyre 1984;

Foot 2001)。

　第二に、功利主義的であるか義務論的であるかに関わらず、当時の倫理学は行為の正しさを定義することに熱を注いでおり、例外なく具体的状況に適応できる理論の定式化を目指していた。徳倫理学の先導者であったアンスコムやフットは、そうした原理では説明できない状況特定的な領域が人間の倫理的実践には存在するとして、倫理学における原理主義的側面を批判した（Anscombe 1958; Foot 2001）。

　第三に、徳倫理学は行為の善し悪しの基準に関して、行為そのものや行為の帰結のみに着目することに限界性をみる。行為を適切に評価するには、その行為がどのような目的でなされたのか、行為者の動機や意図がいかなるものであったのかを考慮しなければならない。同時に、行為者に着目するとすれば、行為者の性格がどのようなものであるかも重要であるし、行為者の生において、すなわち個人の生命活動の一連の流れのうちにあって、その行為がいかなる意味を有するのかが重要になる。

　このように徳倫理学は、人間の生活世界における自然や共同体を議論の出発点とし、倫理的判断が求められる場合には、具体的状況と理論とを切り離すことを拒もうとする。行為の評価基準を提示するという仕事においても、その基準を行為者の性格や動機に求めるとともに、行為者の生における役割や意味を取り込んだうえで評価することを試みる。そうすることで、徳倫理学は功利主義と義務論という二つの陣営がせめぎ合う近代以降の倫理学において、両者に共通する視野の狭さを暴き出し、倫理学が議論すべき地平を拡大することに資するものであった[3]。

2．アリストテレスに基づく徳の諸相

　徳倫理学の思想的ルーツは、アリストテレスに求められる。本章で、これまで徳倫理学の「復興」という語を用いていることも、その伝統がアリストテレスまで遡ることに由来する。ただし、現代徳倫理学の広が

りを俯瞰すれば、徳倫理学の論客が皆、新アリストテレス主義（Neo-Aristotelianism）に与しているわけではない[4]。したがって、徳とは何か、という議論の土台を整備しようにも、徳倫理学者の間で意見が一致しているとは言い難い。しかしながら、アリストテレスの徳倫理学を肯定的に受容するにしても、あるいは批判的に捉え、その限界性を指摘するにしても、アリストテレスの徳の見方が議論の出発点になるということはいえるであろう。

アリストテレスは『ニコマコス倫理学』において、現代徳倫理学の元となる思想を展開している。そこでの議論の出発点は、エウダイモニアと呼ばれる、我々にとっての善き生とは何か、という問いであった。この問いに関するアリストテレスの議論は、「機能からの議論」としてよく知られているものである。つまり、大工や靴職人は家を建てる、靴を作るという機能を有しているために大工や靴職人と呼ばれるのであり、一般的にそのような機能には善さがともなう。もし、人間にもそのような機能があるとするならば、その機能において人間としての善さが明確になる、とアリストテレスは考える。そうして想定された人間に固有の機能が理性（ロゴス）に基づく活動であり、その活動が徳に基づいてなされたとき、善いといえるということになる。

アリストテレスは、徳を「思考の徳」（知的徳）と「人柄の徳」に区別している。思考の徳は、「教え」によって身につき、人柄の徳は、「習慣」によって備わるとされる。人柄の徳が、習慣化（habituation）によって獲得されていくという考えは、有名な以下の一節によって説明されている。

　　もろもろの 徳（アレテー）をわれわれが得るのは、予め活動したからである。これは、ほかの技術の場合と同様である。学んで為すべき事柄であれば、われわれはその事柄を実際に為しながら学ぶのである。それゆえ、たとえば人は、家を［実際に］建てることにより建築家にな

り、キタラを［実際に］奏しながらキタラ奏者になる。これと同様に人は、正しいことを［実際に］為しながら正義の人となり、節制あることを［実際に］為しながら節制の人となり、勇気あることを［実際に］為しながら勇気ある人となる（アリストテレス 2015, p. 102 ［］は訳者による補足）。

　徳とはどのような性向であるかについて、アリストテレスは「中庸」というよく知られた概念を用いて規定していく。〈勇気〉という徳の発揮が求められるような状況において、あらゆることを避け、恐れるような人間は〈臆病〉であり、これに対して、まったく恐れることなく、あらゆるものに立ち向かっていく人間は〈向こう見ず〉であると言われる。この〈臆病〉と〈向こう見ず〉という性向は、不足による悪徳と過剰による悪徳であると定められる。中庸の考えのもとでは、そうした不足と過剰の中間に位置する性向が適切であり、徳ということになる。

　これまでの一連の説明によって、アリストテレスの人柄の徳についての理解はおおかた得られる。しかし、〈思慮〉（フロネーシス）という思考の徳についての洞察を欠いては、アリストテレスの徳倫理学の全体像を把握することはできない。アリストテレスが、徳を思考の徳と人柄の徳に二分したことは確認したが、さらに人柄の徳は、「自然の徳」と「本来の徳」とに区別される。自然の徳は、その人に生まれつき備わっている優れた部分である。しかし、どんなに肉体が屈強な者であっても、目が見えなければうまく歩くことができないように、自然の徳が〈思慮〉に導かれないかぎり、有徳な行為をなすことはできない。つまり、本来の徳は〈思慮〉なしでは生じない（アリストテレス 2016, p. 85）。〈思慮〉ある者は、所与の状況の細かな意味合いを考慮し、たとえばその状況下で何が〈正義〉であるのかを判別することができる。また、ある状況下で複数の徳が対立した場合に、〈思慮〉がそれらの徳を調停するように機能することで、行為者は望ましい行為を遂行すること

ができる（Kristjánsson 2015, 邦訳 p. 126）。

　以上で確認したように、アリストテレスの徳という概念は、我々の善き生という側面と切り離すことはできない。その善き生とは、我々にとっての自然本性から探究可能なものである。また、〈勇気〉や〈誠実さ〉といった人柄の徳とともに、思考の徳である〈思慮〉が彼の徳倫理学の支柱として位置づけられている。20世紀半ば以降、徳倫理学の復興がアリストテレスへの回帰として現れたのは、こうした彼の倫理思想が、当時の倫理学内部において要求された諸要素、すなわち人生という通時的観点や、動機や欲求、認知といった倫理判断に関わる内面の複合性、といった要素を包含する可能性を有していたからである。

3. 徳倫理学に関する教育学研究の動向

　主として英国を中心に始まった徳倫理学の復興に呼応して、20世紀末以降、英米では教育学内部でも徳倫理学への関心が高まっていった[5]。1999年にデイヴィッド・カーとジャン・ステューテルによって『徳倫理学と道徳教育』（*Virtue Ethics and Moral Education*）というアンソロジーが編まれていることは、それを示唆する一つの例である（Carr & Steutel, ed. 1999）。さらに2000年代以降、徳倫理学への関心の高まりによって英米の道徳教育学の焦点が、人間のふるまい（behavior）から、あり方（being）へと変化していることが報告されている（Lee & Taylor 2014）。ここでいう人間の「あり方」は、人間の生という通時的な視点と、人間の動機や欲求、認知のありようといった内面の複合性を含んだ、人間存在の全体論的な見方が反映されたものである。人間の善さに対する全体論的な見方が徳という概念装置によって可能になったことに基づき、教育学研究としては以下の二つの動向が確認できる。

　第一に、人間のあり方を通時的な視角から捉え直す徳倫理学的観点に

よって、教育学の関心は、人間の「善き生／開花（well-being/flourishing)」に積極的に向けられることとなった。現代の英米教育学において、このテーマに関する研究は大きな潮流を形成している。たしかに、人間の成長や将来の可能性を考慮したうえで現在の教育の方向性を見出していかなくてはならない教育学において、将来的な主体のあり方と、現在の主体のあり方とを徳という観点から結びつけられるのであれば、徳倫理学的観点は教育学の議論において魅力的なものに映る。

　しかしながら、徳と善き生／開花をめぐる議論には、善き生を目的とする教育の正当性に関して重要な課題を残している。それは、「道理ある不一致」が前提とされる現代社会において、善き生／開花のあり方を一様に語ることは可能であるのかという疑義が呈されるからである。徳倫理学と教育学の融和を先導した研究者であるカーでさえ、徳倫理学に基づいた善き生／開花の教育には懐疑的な見解を示しており、善き生／開花を教育目的に据えることによって、教育という実践に具体的で有益なものはもたらされないと批判している（Carr 2021）。したがって第一の方向での研究には、さらなる議論の積み重ねが求められよう。

　第二に、人間のもつ感情や欲求といった感性的側面と、理性的側面との関係性をいかにみるのか、両者はいかに調和しうるのか、という問いは、人間を対象とする学問において長きにわたるテーマであり、教育学も同様の問いを共有している。徳倫理学においては、感性と理性という二側面を、徳という言葉によって結びつけながら積極的に論じることになる。そして、いかにして有徳な人になるのか、という問いにおいて徳倫理学と教育学の関心が交差するとき問題となったのは、以下でみるように、感性的な部分と理性的な部分との関係性についてであった。

　アリストテレスの説明にあったように、そこで想定される有徳な存在は、人柄の徳を「習慣化」によって身につけ、〈思慮〉を発揮する存在へと発達していく。ところが、感性的側面に関わる人柄の徳を行為の反復によって獲得することで、どうして思慮が生じ、真に有徳な人になり

うるのかが、ある種のパラドックスとして問われた（Peters 1981; Kristjánsson 2006）。たとえば、古代ギリシア哲学研究者であるナンシー・シャーマンは、習慣化のプロセスが機械的・受動的な活動ではなく、認知的な作用を有しており、〈思慮〉の発揮を準備するものだと捉えることで、このパラドックスに応答している（Sherman 1989）[6]。

2000年代以降、いかにして有徳な人になるか、という問いに対し、より一層具体的で包括的な発達モデルを描いて応じたことは、徳倫理学と教育学に関わる研究の一つの結実といえる（Kristjánsson 2006; Curzer 2012; Sanderse 2015、表1を参照）。

表1　アリストテレス的道徳発達モデル（Sanderse 2015をもとに作成）

発達段階	1. 道徳的無関心（moral indifference）	2. 自制心の欠如（lack of self-control）	3. 自制心の充足（self-control）	4. 本来の徳（proper virtue）
主体の状態	有徳な人生、有徳な行為をすることを目指していない。	有徳に生きることを目指しており、道徳的知識を有しているが、欲求や感情が阻害して行為できない。	外見上は有徳な行為をするが、その行為には苦痛を伴うことがある。	有徳な行為と感情が適切な形で（快楽を伴って）結びついている。 思慮を発揮する。

このモデルは、行為の目的という行為主体の動機や欲求、そしてそれに伴う感情と合理的選択に関する知識について、それらの結びつき方によって段階を構成している点に特徴がある。そしてたとえば、二段階目である「自制心の欠如」の段階から出発する者や、高次の段階から低次の段階へと後戻りするような者がいることも想定されている点で、著名なコールバーグの発達理論にみられるような不可逆的な発達モデルとは一線を画している。

4．徳倫理学と教育学の重なりと展望

　現代徳倫理学の広がりによって生じた徳に関する豊穣な議論から、教育学が享受できるものは多く、とりわけ英国を中心に活発に議論されてきている。ところが現状として、日本においては教育学研究として現代徳倫理学を積極的に扱う研究は多くない。それは、日本の道徳教育の文脈で、「徳」という語が徳目主義を想起させ、戦前の反省すべき教科としての修身科を連想させることとも無関係ではないだろう。しかし、本章で確認したように、現代徳倫理学が含意するものは、倫理的領域に関わることがらの豊かさへと目を向けさせるものであり、人柄の徳、すなわち感性的側面に関わる価値を無分別に押しつけるものなどではなく、思考の徳を強調することで人間の理性的な活動を重視するものであることがわかる。ただし、徳に基づく教育を実質化していくためには、前節で確認したように、徳や善き生の教育を正当化する論理を組み立てていく必要があろう。

　他方で興味深いのは、人間の教育や発達という側面が、英米の徳倫理学内部において重視されてきていることである。すでにハーストハウスは、徳倫理学が有すべき特徴の一つに、道徳教育（moral education）を位置づけていた（Hursthouse 1999, 邦訳 p. 5）。古代ギリシア哲学研究者のジュリア・アナスは、近代の倫理学理論の多くが、倫理的実践に関わる理論を習得する過程や行為の学習を、理論の一部とはみなしていないこと、結果として成人の有徳な人物から議論をはじめ、有徳になる過程の重要性を見過ごしてきたと診断する。そして、次のような重要な論点を提示している。

　　私たちは、自分の子どもが狡猾な人や臆病な人ではなく、正直な人や勇敢な人に成長してほしいと思い、子どもを育てるときに、（で

きるかぎり）このような徳を身につけさせようとする。そうするのは、単に自分のために、つまり親が自分の利益を追求するときに、子どもを当てにすることができるようにするためではなく、子ども自身のために、つまり狡猾な人や臆病な人であるよりも、正直な人や勇敢な人である方が、よりよい人生を歩むにちがいないと考えるからなのである（Annas 2011, 邦訳 p. 244）

　アナスの診断は、倫理学において、より積極的に教育や人間の成長という過程を、善さに関する議論や行為論のうちに含むべきだということを意味している。さらにまた、アナスの言うような観点から自己と他者の善き生のために徳を要求することを正当化できるとすれば、教育や成長／発達という領域は、倫理学内部でよりいっそう中心的な位置を占める可能性を有している。

注

1　「哲学」という学問分野との関係において倫理学の位置を規定するという考えもできる。その場合、哲学は存在論、認識論、価値論等から構成され、倫理学は価値論に含まれる哲学の下位部門だと捉えられる。本文の説明は、倫理学のさらに下位区分である規範倫理学の説明を想定している。
2　倫理学上の分類や、功利主義・義務論についての基本的な考え方は赤林・児玉編（2018）等を参照のこと。
3　徳倫理学を、功利主義と義務論に並ぶ対抗馬として位置づける見方もあるが、本文で示した徳倫理学の含意を考慮すると適当でない。
4　徳倫理学が批判の対象としてきた他の倫理学的立場と、徳倫理学との融和を意図する研究も多く蓄積されている。功利主義でいえば Driver（2001）、義務論であれば Herman（1996）、ヒューム主義では Slote（2010）等が挙げられる。
5　アリストテレスの徳の思想がとりわけ英米においてどのように研究されていったのかに関する分析は、Tachibana（2012）に詳しい。
6　シャーマンの見解によって学問的な一致をみたわけではない。たとえば、ハワード・カーザーは習慣化と教えの機能を峻別したうえで、習慣化に知的側面を勘定する余地はないとみている（Curzer 2002）。

（川村雄真）

第2章
徳認識論（西洋）

1. 徳認識論の登場と発展

　認識論は、知ることを研究対象とする哲学分野である。伝統的に認識論の研究は、知識の定義や、知識に必要な証拠、正当化の概念分析が中心であった。その際、議論の対象は、わたしたちの持つ個別の信念（belief）であった[1]。認識論者たちが知識とは何かを明らかにするプロジェクトに邁進していた 20 世紀、徳という概念は認識を巡る議論に必要とされなかった。しかし、認識を行う主体の行為者性（agency）や、知識や真理以外の認識的な善さ―たとえば、理解すること、学ぶこと―への関心が高まると、議論の対象は、真理の探究を行う主体に移り、認識者が持つ性質の良し悪しが問題となった。すなわち、より善く知るために、わたしたちには何ができるのかという問いが立てられ、そのためには徳の発揮が重要だという考えが登場した[2]。

　徳認識論において徳とは、人格の卓越性として理解される。徳とは特定の望ましい目的を生み出す動機づけを持つことと、その目的を信頼可能な仕方で生じさせることが関わる（Zagzebski 1996）。徳は、その人が何を大切にしているか、価値観や人となりが反映される特性である。徳認識論は、人としての善さには、思いやりや勇気といった道徳の領域の徳だけでなく、わたしたちの認識活動に関わるものがあると考える。道徳的な徳と認識的な徳の違いは、後者の目指す最終的な目的が知識、真理、理解といった認識の領域における善さであるという点にある。認識的な善いもの自体に動機づけられ、そうした認識的善を欲するがゆえ

に特定の行動傾向性を発揮することを、認識的徳という。名誉やお金のような認識的善さ以外の目的のみの為に知識を得たいと思っている人や、真理が重要だと感じることなく単なるゲームとして知識を増やす人は、認識的に徳のある人とは言えない。認識的徳を持つ人は賞賛され、悪徳は非難される。認識的徳は生まれつきの特性ではなく、学習され獲得された（cultivated）特性であり、そうした徳の獲得プロセスは概ねコントロールできるものなので、個人はその特性の獲得に責任を負うと考えられる。それゆえ、こうした認識的徳の考えは、責任主義的徳認識論（responsibilism）と呼ばれている（Zagzebski 1996）。

　より詳しく、ベアー（Baehr 2015; 2020）の分析に沿って認識的徳の構造を見ていこう。彼によれば認識的徳には、能力（competence）、動機（motivation）、判断（judgement）、情動（affection）の四つの側面がある。まず、ある徳が、他の徳と区別されうる際の基礎となる能力やスキルが必要である。そして、そうしたスキルを認識的善に動機づけられて発揮することが必要である[3]。さらに、いつ、どれくらい、どのように能力を発揮すべきか適切な判断力が必要となる。最後に、そうした徳に適切な、情緒的な状態が抱かれるべきである。たとえば、オープンマインドの徳にはその徳に特徴的な、物の見方を変えるという（perspective switching）スキルが必要である。当該のスキルを有し、そうしたスキルを認識的善への動機づけから発揮し、スキルを発揮するタイミングを適切に判断し、そうした一連の行いを楽しいものとして経験することが、真に有徳な行為者の特徴だ。しかし、徳の発揮には程度が許容されるので、以上の四つの側面において、より有徳であるとか、あまり有徳でないといった語りが可能である。

　「あの人は注意深い人だ」、「好奇心旺盛で良いね」などと、わたしたちは日常的に徳を用いて自分や他者の認識活動を評価している。認識的徳の研究は、そうした日常的な用法を洗練させ、個別の認識的徳がどういったものかを明らかにしてきた。たとえば、知的謙遜（intellectual

humility）の徳は、認識的徳の一つとして研究されている。まず、自ら
の知的な欠陥を認めることが知的謙遜に特徴的な能力だという考えがあ
る（Whitcomb et al. 2017）[4]。知的な欠陥には、無知や誤り、信頼でき
ないプロセス、スキルの不足、知的な性格上の短所などがある。そうし
た自らの認識上の様々な欠陥に適切な注意を向けることが謙遜を構成す
る。また、知的欠陥を認めることは、認知・行動・動機・情動における
適切な実践的応答を要請する。認識的欠陥を自覚し受け入れること、他
者に向けて認めること、可能ならばそうした欠陥を克服しようと努め、
欠陥をもつことに対して残念だと感じるといった様々なことが謙遜の徳
には必要とされる。

　他方で、知的謙遜の徳について、異なる角度から特徴づけを行うこと
も可能である。それは、他者に認識的な尊敬の念を抱くことから、自分
の意見を変えることにオープンな姿勢を持ち、他者の意見を尊重するこ
とが知的謙遜であるとする考えである（Priest 2017; Pritchard 2018）。
この考えによれば、知的謙遜の徳を有する人は、自分が知的な権威とは
考えず、他者を自分と同じくらい尊敬に値する認識者として扱う。他者
志向的な知的謙遜はそうした特性を持つ人自身より、むしろ尊敬する他
者を益するような特性である。このように、知的謙遜の徳は、自らの評
価に向けて発揮されるときと、他者の評価に対して発揮されるときがあ
る。二者では、自らより善い探究者となることを目指すのか、他者の認
識に価値を認めることでより善い認識環境を作ることを目指すのか、徳
の目的も異なっている。個別の徳の研究は、実際に、諸個人が自分に足
りない徳を反省したり、徳の獲得を目指したりする際に重要となる。こ
のように、徳認識論は認識的徳という考えを中心的に用いて、認識論上
の問題を解決・解消・理解しようとする様々な哲学上の試みの集合であ
る。

2．社会認識論との接続

　1980 年代以降、認識活動の持つ社会性に注目する社会認識論の研究が盛んになった。代表的な変化として、証言による知識に注目が集まった。証言とは、話し手が何事かを語ることで聞き手に知識が伝わる広範な認識的営みであり、わたしたちが日常的に獲得したり伝播したりする知識の多くは証言を通じてである。伝統的に認識論は、知覚や記憶による知識といった個人主義的な知識の分析が中心となってきた背景があり、証言的知識への注目は大きな転換点となった。証言が知識の重要な源泉であることを認めると、玉石混交の証言の中から良いものを見分ける必要が出てくる。信頼すべき証言とそうでない証言の違いは何か。素人が専門家の証言の信頼性をどう判断すべきか。同じくらい信頼できる証言が対立する際どう対応したらよいか。こうした問いに取り組む社会認識論の隆盛によって、徳認識論が扱う問題や理論の射程も、より顕著に社会化することとなった。たとえば、他者の証言の信頼に関わる、特定の認識的徳の涵養の必要性が説かれる。証言に関わる徳の詳細は、認識的不正義の問題を扱う次章でより詳細に語られる（Fricker 2007）。

　社会認識論以前、認識活動の主体は各個人であると前提されてきたが、その前提も覆された（Goldman and Whitcomb 2010; Goldman and O'Connor 2021）。集団的行為者、すなわち、集団を認識の主体として考えることが可能になった。集団、企業、制度といった集団の認識活動の振る舞いやその結果生じる知的生産物が持つ特徴が、集団を構成する諸個人の特徴に還元されない顕著なあり方をすることがある。

　徳という考えは基本的には個人の努力を喚起するものだが、少数者の徳の発揮は、社会的構造の問題の前には無力である。こうした不満に対して、徳認識論側は個人の自助努力だけでなく、制度や集団が全体として徳を発揮するように制度設計を行う必要もあると主張することができ

る（Anderson 2012）。集団の認識活動を導く価値の集合的態度―エートス―がある時、わたしたちは、集団が善いエートスを持っているか、善いエートスに沿った活動を行っているかと評価することが可能になる（Fricker 2010; 2020）[5]。たとえば、ある学校が学生や保護者との情報共有を円滑に行うことを目指しているのだが、課題提出や成績評価に用いるITシステムの不備が続き、学校はシステム運用を諦め、代替案もなくそのまま放置されてしまったとしよう。情報共有活動において集団のエートスに沿った行動傾向性が発揮されず、繰り返される実践上の失敗は非難に値する欠陥となる。その際、非難の対象は職員個人ではなく、学校全体である（Fricker 2020）。逆に、善いエートスに沿って情報共有実践が安定して実施されれば、学校は全体として認識的に有徳な行為者となることができるだろう。

　集団の認識活動の評価に徳・悪徳という概念が導入されることで理解可能になる社会現象もあれば、徳認識論にとって新たな課題も生じる（De Ridder 2022）。たとえば、認識的に成功しているように見える探求集団が、悪徳を有する諸個人から成る場合その集団は徳を発揮していると言えるだろうか（Smart 2018）。また、その逆のケースはどうだろうか。こうした課題が引き続き取り組まれねばならない。

3．認識的自律性と依存性

　デカルトにまで遡ることができる哲学の伝統的理想の一つに、自律した探究者の理想がある。完全に自律した認識者とは、すべての事柄について、他者の言うことを聞かず、自分の認知能力、探究力や推論力を用いて、自力で見出したことのみを受け入れる者である（Fricker 2006）。そうした理想の元では、他者からの証言に頼り知識を得ることは、確実な真理を得るための障害と見なされる。それゆえ、前節で見てきたように証言ベースの認識論は近年になるまで適切な注目を受けてこ

なかった。この理想は、もちろん実現不可能であり、認知能力の脆弱さや限界を考慮すればその理想は合理性を欠く。

とはいえ、物事を直接知ること（seeing things for oneself）には、証言を通じて間接的に知ることに比べて望ましい響きがある。物事を直接知ることは、個人の認識的行為者性に功績が与えられるような強い達成を伴い、達成はそれ自体価値のあることに思われるからだ。直接知の望ましさは認識的自律性という理想と強く結びついている（Pritchard 2016）。確かに、直接知は、伝聞のみによる知識とは異なり、当該の事象についての因果関係の把握といった、より深い物事の理解を伴う。教育の目的は、学生達が認知的行為者性を発揮し、物事の理解を促進することにあると考える者さえいる（Pritchard 2013）。

しかし、直接知と間接知の二分法は現実の認識活動の社会性を理解する際に役立つどころか障害となるかもしれない。近年の徳認識論への批判も、背後にある歪んだ個人主義的理想に対してなされる。フェイクニュースや陰謀論に代表されるように、人は間違った信念を抱いてしまいがちだ。認識環境内に、情報源の信頼性を汚染するもの（たとえば、ハゲタカジャーナル）が多くある場合、そうした汚染物質を取り除かない限り、素人は高度に専門的な知識の証拠を適切に評価することなどできないし、ある科学者が信頼できるかどうかを判断することさえ困難なので、個人が認識的有徳さを発揮して知識に至ろうとする努力はうまくいかないだろうと批判される（Levy 2021）[6]。批判者の言うように、圧倒的大多数の社会生活の場面で必要なのは、他者への適切な認識的依存である。しかし、こうした認識的依存が行われる場でこそ、徳が発揮されるべきではないか。証言ベースの知識を消費する際も、わたしたちは情報を受動的に全て取り入れる機械ではないし、ある程度の理解を目指すことが可能で、情報の取捨選択には訓練された能力や適切な動機づけが必要となる。高度に分業化され複雑化した情報社会において、自身の関心や必要に応じて適切な情報を取捨選択することにこそ、認識的行為

者性の発揮が必要に思われる。人工知能チャットボットの台頭に見られるように、わたしたちが目指す認識的達成の姿自体が刻々と変化している今日、乗り越えるべき認識的な障害や挑戦が直接知の獲得であるようなケースは極々限られたケースでしかなく、そうしたケースを過度に誇張することは避けるべきだ。実際にはほとんどの認識活動においてわたしたちは、適切な他者の意見に追従することが必要となるが、他者の証言への信用は、盲目的に信じるのでもなく、全く信じないのでもない（Fricker 2006）。真に社会化された徳認識論を達成するためには認識的自律の理想とは決別しなければならない[7]。過度な二分法を捨て、代わりに、適切な仕方で他者の証言を信頼するにはどんな徳の発揮が必要かを問うべきである。行為者性の発揮としての認識的な達成も、適切な他者への追従において体現されるべき理想として理解されるべきだろう。

4．悪徳認識論と教育

わたしたちが理想的な探究者ではないという理解が深まれば深まるほど、徳認識論者も認識的な欠陥に注目し、その克服を目指すようになった。これが、悪徳認識論の台頭である。認識的悪徳とは、広義には効果的な善い（effective and responsible）探究を邪魔してしまう特性のことである（Cassam 2016; 2019a）。特定の性格のあり方が知識の探究を邪魔することもあるし、考え方や態度が邪魔することもある（Tanesini 2021）。悪徳認識論とは、認識的悪徳とその他の欠陥の違いを説明したり、個別の悪徳を明らかにしたり、悪徳が持つ認識的重要性を探究する学問である[8]。

たとえば、認識的な目標を目指し障害を乗り越えようと弛まぬ追求をする傾向性―知的努力（intellectual perseverance）の徳―が不足した状態には、知的探求を放棄してしまうこと、手抜きをすること、先延ばしにしてしまうことなどがある。それらの特性は全て悪徳だろうか。先

延ばしを行う人は、自分が目指すべきと信じる探求への従事を遅らせてしまう。先延ばしには後悔の感情が伴うが、目標についての適切な判断はなされている点で、悪徳というよりもアクラシア（意志の弱さ）の状態と言える。他方、何らかの障害が現れるたびに探求を放棄してしまう者は、認識目標を十分に大切にしていないという点で、悪徳を有していると言えるだろう（Battaly 2020）。このような個別の悪徳研究を通じて、徳を目指す前段階で具体的にどんな特性を避けねばならないのかについて示唆が与えられるだろう。

　しかし、何らかの認識的失敗や欠陥があるところで、それらを過度に悪徳として批判することは慎重にならなければいけない。悪徳のないところで悪徳を仮定したり、悪徳の役割を必要以上に大きく見積もってしまうと、認識者に目を向け過ぎて、当該の欠陥を理解する上でより重要な社会背景や理由から目を背けることになってしまうかもしれないからだ（悪徳非難の悪徳の問題）。たとえば、ワクチン懐疑論者の親を、騙されやすい人（gullible）と非難することは、彼らの視点から行為を理解することを邪魔するだろう（Cassam 2023）。こうした悪徳認識論の慎重論は、悪徳認識論者たち自身によって提唱されている（Kidd 2016）。

　しかし、諸個人の置かれた社会背景や状況と性格特性を対立項として考えるのではなく、二者の密接な関係をより強調する仕方で悪徳を理解する必要があるように思われる。高慢さ（haughty）の悪徳研究はこの点を理解する上で示唆的である（Tanesini 2016）。高慢な人は、会話の順番交代（turn-taking）という規範を破り他者への尊敬を欠く。また、高慢な話し手は自らが他者からの反論への応答責任を免れる特別な権威を有すると勘違いしている。そうした高慢な態度が繰り返されると、対話相手は強いられた仕方で沈黙することを選び、認識的隷属性という悪徳が形成される。認識的な隷属とは、他者の意見に過度に追従する傾向性である。発言がまともに受け入れられないことが続けば、そうした対

話相手に何かを伝えようとする試みを放棄する方が楽である。重要なのは、こうした悪徳の連鎖が、社会的な権力構造がある時に生じるということである。高慢さは、規範破りが可能な権力側の行為者集団の中で生じやすく、認識的に劣っているとみなされる抑圧された社会集団に対して高慢な態度は取られやすい。そして支配側の認識的高慢さのせいで、まともに発言をとり扱ってもらえない経験が続き、抑圧された集団は、認識的隷属性を獲得してしまうのである。こうした認識的悪徳が権力の不均衡という社会背景の下で生じやすいということが理解されると、どんな徳を目指し悪徳を克服すべきかを考える際、行為者の置かれた社会に存在する権力構造を考慮する必要があることがわかる。抑圧された社会集団は、権力を持った集団が関心を持たない事柄について、より善く知る見込みを持っており、そうした無視されがちな認識的貢献を掬い取り、社会全体の認識資源に反映させるために、どういった徳を発揮すべきかを考慮する必要があるだろう（Daukas 2011; Iizuka Forthcoming）。

　徳認識論は認識的徳を涵養し悪徳を回避することで、個人や集団がより善い探究者になることを目指すプロジェクトであるが、認識活動の社会性に真剣に向き合うことで、今後もアップデートされ続けていくだろう。

注

1　日本語で読める現代認識論の良質な入門書として上枝（2020）がある。

2　知的な徳という語を初めて導入したのはアーネスト・ソーザ（Sosa 1980）であるが、彼の提唱した徳の立場は本稿で取り上げる責任主義徳認識論とは異なるプロジェクトであるため割愛する。ソーザの徳の考えやそれに類似する信頼性徳認識論と呼ばれる立場の概要については以下を参照すること（上枝 2020）。また、本稿のテーマである責任主義的な認識的徳のアイディアについての重要な貢献に、ロレイン・コードの研究がある（Code 1981; 1984; 1995）。責任主義徳認識論の研究は、リンダ・ザグゼブスキーの『認識の諸徳』（Zagzebski 1996）の出版が出発点となり、その後発展した研究分野であるが（Baehr 2011; Roberts & Wood 2007）、フェミニスト哲学を専門とするコードの研究には示唆に富

んだ先駆的視点が多く存在する。

3 もちろん、有徳な人も何か別の実践的な理由から知識を求めるということがありうる。

4 紙面の都合上、ここでは能力・スキルの側面のみを描くが、先述の通り他の三つの側面を満たすことが徳の発揮には必要となる。

5 ここで集団を構成する行為者たちは、共同コミットメントを有する—集団を構成する人々が特定の目標の為に力を合わせる意志があるとお互い理解している—と仮定されており、ギルバートの共同行為論の哲学が背景にある（Gilbert 2000）。他方、共同コミットメントを有さないより緩い集団が悪徳を持つ可能性も検討されている（Holroyd 2020）。

6 徳認識論への最も厳しい批判は、諸個人が徳よりも悪徳を有する時にこそ知識生産が上手く行くというものである。たとえば、累積的な文化的知識の継承には、無批判に大多数の行動を模倣するような極端な認識的追従（extreme epistemic deference）が必要とされるという見解がある（Levy and Alfano 2020）。たとえ文化進化の文脈において悪徳が知識生産的あったとしても、果たして現代の認識環境においてもそう言えるのか、更なる議論が必要である。

7 日本語で読める認識的依存性と自律性の対立についての優れた論考として、佐藤（2019）がある。

8 徳の条件が厳しい一方、悪徳に陥る道は様々である。悪徳認識論者の中には、賞賛に値する特性としての徳・非難に値する特性としての悪徳という標準的な理解から逸脱し、非難可能性（culpability）はなくとも、知識獲得の障害になる特性のうち個人が変化させることができるもの（malleable）を、悪徳であると考える者もいる（Cassam 2019a）。また、いずれの考え方も可能とする認識的悪徳についての多元主義を取るものもいる（Battaly 2015a; 2016）。どこまで悪徳概念の射程を広げるべきか、まだ議論が尽くされているとは言えない。フリッカーが集団の悪徳を語る際に注意を喚起しているように、単なるパフォーマンス上の欠陥ではなく、あえて悪徳という概念を用いて認識対象の評価を行うべき正当な理由づけが必要だろう（Fricker 2020）。たとえば、潜在的バイアスは認識的悪徳の一つかという現在進行中の問いがあるが、悪徳概念をどう捉えるかによってこの問いへの答えは変わるだろう（Cassam 2019a; Holroyd 2020; Levy 2021）。

（飯塚理恵）

第3章
認識的不正義（西洋）

1．認識実践における不正義

　ウガンダ共和国と日本にルーツを持つ三浦アークさんは、中学生時代、周りのクラスメイトから「黒人だからスポーツができる」と一方的に運動部への入部をすすめられ、スポーツが苦手な様子をからかわれたり、日焼けした同級生から「アークの（黒い）肌に近づいてきた」と言われたりしたと言う（日本放送協会 2020）。担任教師にこのことを相談しても「アークは他の人と違っているんだから周りがそのような態度をとるのは仕方ない」と言われて、まともに取り合ってもらえなかったため、彼女はやがて不登校になった。[1] この事例でアークさんは、マイクロアグレッション[2] という差別を受けているだけではなく、差別されている経験を教師に打ち明けても、その話を誠実に受けとめてもらえていない。そのせいでアークさんは、自分が差別を受けているということを認識できない状況に追い込まれていたように思われる。

　このような、人種、民族、社会階層、階級、ジェンダー、セクシュアリティ、国籍、障害などの社会的アイデンティティに対する偏見のせいで、社会的に力の弱い人々やマイノリティの人々の声が無視されたり、沈黙を強いられたりすることで、真理や知識の獲得、伝達、拡散といった認識実践で不当な扱いを受けることは「認識的不正義（epistemic injustice）」と呼ばれる。

　認識的不正義は、ミランダ・フリッカー（Fricker 2007）が提示して以降、様々な分野で議論されている。この背景には、現代社会におい

て、様々なマイノリティに属する人々や社会的に力の弱い人々が不正義を被っている状況が広く知られるようになり、その是正のためには、不当な差別や排除に異を唱えて社会変革を目指すとともに、そもそも「不正義とは何か」という根本的な問いに取り組む必要があると考えられるようになったからだと思われる。

　本章では、まず、証言的不正義と解釈的不正義という二種類の認識的不正義を紹介したうえで、各不正義に抵抗するのに有効な徳として、証言的正義と解釈的正義という二種類の徳を説明する。そのうえで認識的不正義と教育の関係に焦点をあて、教育は認識的不正義を助長する環境となりうる一方、子どもが認識的不正義のせいで失った知的自負心（intellectual pride）を回復させるケアの役割など、不正義を是正する役割を担いうるということを説明する。[3]

2．証言的不正義と解釈的不正義

　はじめに証言的不正義の特徴を見てみよう。フリッカーは証言的不正義について次のように述べている。

　　話し手が証言的不正義を被るのは、聞き手が持つ〔話し手についての〕アイデンティティに対する偏見のせいで、その話し手が不足した信用性しか受け取れないとき、そしてそのときに限られる。よって、証言的不正義の中心事例とは、アイデンティティに対する偏見を原因とする信用性の不足なのである。（Fricker 2007, 邦訳 p. 38；傍点強調著者、〔　〕内引用者補足）

　私たちが人から話を聞いたり、インターネットを通して情報を入手したりするとき、その情報提供者（話し手や書き手）の信用性（credibility）を判断している。信用性とは、話し手が語られている内容をどれぐ

らい知っているのか、そして、それをどの程度誠実に伝えてくれるのか
を表す指標のことである。聞き手が、話し手の語ることから真理を得る
ためには、その人がどの程度、信用できる人なのかを適切な証拠に照ら
して判断しなければいけない。しかし、聞き手が、話し手の社会的アイ
デンティティに対して何らかの偏見的ステレオタイプを所持している場
合、その話し手はその聞き手から本来受けとるべきものより不当に低い
信用性しか受けとれない。そのせいで話し手の語りが不当に無視された
り、聞き流されたりするとき、証言的不正義が生じる。

　話し手が証拠に照らして本来受けとるべき信用性より低く評価される
要因は、先ほどの三浦アークさんの事例で見られたような人種差別的な
動機や意図だけではない。社会イメージとして機能する社会的アイデン
ティティに対する偏見的ステレオタイプは、しばしば特定の時代の社会
構造に深く根ざすイメージとして流布されており、そのせいで認識的次
元での抑圧が生じうる。コリンズによれば、米国では多くの黒人女性が
「女性である」というだけではなく、「黒人である」という交差的な（in-
tersectional）アイデンティティをもつせいで、固有の仕方で認識的不
正義を受けてきた（Collins 1990）。黒人のバス・ボイコット運動に端を
発して広まった 1960 年代の米国における公民権運動以降においても、
黒人女性の多くは白人男性からだけではなく、フェミズム運動をともに
牽引してきた白人女性からも無視されるなど、差別的な扱いを受けた。
そのせいで黒人女性は、不当な雇用形態、不十分な社会保障、貧しい家
庭環境といった自分たちが直面している社会的現実についての真実を社
会に伝える機会を不当に奪われたのである。

　このように、女性差別や人種差別を露骨な仕方で発露する言動は「古
典的レイシズム（old-fashioned racism）」[4] と呼ばれる。しかし、潜在的
ステレオタイプのせいで生じる証言的不正義は、古典的レイシズムが吹
き荒れていた時代に限られたことではなく、「人は誰でも平等である」
という価値観や、特定の社会的グループに対する偏見が不当なものだと

いう信念が広く共有されるようになった現代でも深刻でありうる。近年の社会心理学研究によれば、偏見的ステレオタイプは、潜在的バイアスとしてその所持者自身に気づかれないまま自動的に発揮されうる（北村・唐沢編 2018, 第1章）。そのため、偏見的ステレオタイプはその所持者が内省しただけでは気づくのが困難であり、そのために証言的不正義は、露骨に悪質な信念や動機をもつ個人だけではなく、そのような信念とは一見無縁の個人によっても無自覚に引き起こされうる。

　次に、解釈的不正義について見てみよう。解釈的不正義とは、マイノリティや社会的に力の弱い立場にある人々が、社会で流通している言葉やその表現方法、すなわち、社会における解釈資源が不十分であるために自分の経験を適切に理解することを妨げられるという不正義である。ここでは、産後うつ病を患っていたウェンディ・サンフォードの事例を見てみよう（Fricker 2007, 邦訳 p. 191-192）。出産後の女性のなかには、育児に対する緊張や子どもを好きになれない自責の念などから気分が落ち込んだりイライラしたりする人がいることが知られている。現在、この症状は「産後うつ病」として理解されるが、この知識が社会に広く認識されるようになったのは 1960 年代である。サンフォードは、産後うつ病という病名がまだ一般には知られていない状況のせいで、出産後にうつ症状で苦しむ自分の経験を適切に意味づけることを妨げられている。さらに、当時の社会に家父長的規範が広く浸透していたせいでサンフォードは、その偏ったジェンダー規範において女性がすべきと見なされていた家事や育児をしたくないだけだと非難されたり、家事や育児を放棄するわがままな女だと一方的に責め立てられたりしたこともあった。

　解釈的不正義は、社会の解釈資源の不十分さに要因がある。それにも関わらず、解釈的不正義による不利益を不公正な仕方で被りやすいのはマイノリティや社会的に力の弱い立場にある一部の人々である。その理由は、このような人々は、低い社会的立場に置かれていたり、非対称的な権力関係において周縁に追いやられたりするため、マジョリティや特

権をもつ人々から自分たちの経験の意味を歪曲して理解させられたり、その経験を意味づけようとする実践から不当に排除させられたりされがちだからである。こういった社会的立場の低い人々や権力をもたない人々が、自分たちの経験を意味づけようとする実践に参加するのを妨げられたり、周縁へと追いやられたりすることは「解釈的周縁化（hermeneutical marginalization）」と呼ばれる（Fricker 2007, 邦訳 p. 197）。先ほどのサンフォードの事例では、当時の社会に蔓延していた家父長制的規範のせいで彼女は解釈的に不利な状況に追いやられており、この解釈的周縁化が背景となって「産後うつ病」という概念の欠如が、彼女の経験を適切に理解することを不当に妨げる要因となっている。

3．認識的不正義の是正

　では、証言的不正義と解釈的不正義をいかに是正することができるだろうか。フリッカーは、徳倫理や徳認識論を参照することで、個人が証言的正義と解釈的正義という徳を涵養するという考えを提案する。

　まず、証言的正義の徳から見てみよう。証言的正義の徳とは、認識主体が自分の偏見的ステレオタイプの信用性判断に対する影響を高い割合で軽減することに成功する、卓越した性格特性のことである。偏見的ステレオタイプの影響を軽減する方法として、主体が自己内省することで自分自身が所持している偏見的ステレオタイプに気づき、それを直接に修正することが可能であるならそれが最善だろう。しかし、第2節で述べたように、偏見的ステレオタイプは多くの場合、潜在的バイアスとして機能しており、主体が自分でそれを自覚するのは難しい。さらに、私たちは特定の社会で育ち暮らすなかで、その社会規範や制度に浸透している偏見的ステレオタイプを無自覚のうちに身につけており、そのせいで気づかずに自分の思考が偏った仕方で構築されていることがある。

　以上から、偏見的ステレオタイプを直接に修正することはあまり期待

できそうにない。そこでフリッカーは、証言的不正義を是正するために必要なのは、私たちが多様な仕方で偏見的ステレオタイプに満ちた自分の信用性判断に気づき、偏見的ステレオタイプの影響を中和できる人物になることだと論じる。ここで「中和する」とは、偏見的ステレオタイプをピンポイントで低減したり修正したりするのではなく、話し手と言葉のやり取りをするなかで、その話し手について自分は誤解しているかもしれないと気づいたりすることで、話し手に対する当初の信用性判断を調整することである。たとえば、証言的正義をもつ聞き手は、話し手と証言のやり取りをするなかで話し手に対して当初与えていた信用性判断を疑わしく感じると、（たとえ自分の偏見それ自体に気づくことができなくても）柔軟に自分の信用性評価を変更したり、一次的に上げ下げしたりすることができるだろう。あるいは、その聞き手が対話を続けるうちに当初想定していたよりずっと信用できる人だと気づき、相手をどの程度信用してよいのかはっきりしなくなった場合には、自分の信用性判断をひとまず保留にして相手の語りを受容することもできるだろう。このように、証言的正義の徳をもつ聞き手は、自分の偏見それ自体を直接修正しなくても、話し手に対する信用性判断が当初想定していた判断と異なることを自覚し、やり取りを続けるなかで話し手に適切な認識的態度をとることができるのである。

　以上の特徴をもつ証言的正義の徳は、知的徳（intellectual virtue）と道徳的徳（moral virtue）のハイブリッドな徳である（Fricker 2007, 邦訳 p. 163）。「知的徳」とは、オープン・マインドや知的謙虚さなど、適切なパフォーマンスを発揮することで真理や知識を獲得することに繋がる卓越した諸特性のことであり、「道徳的徳」とは、気遣い、寛容さ、正直さなど、公正な判断をしたり、困難な状況にある他者のニーズに応答したりする、道徳的に卓越した諸特性のことである。証言的正義の徳が知的徳であるのは、偏見を中和することで話し手の証言を適切に受容し、真理を見逃すことなく獲得できることに繋がるからであり、道徳的

徳であるのは、話し手を適切な仕方で認識主体として承認することに繋がるからである。

　次に、解釈的正義の徳について見てみよう。ここでもフリッカーは、個人が解釈的正義の徳を涵養することが解釈的不正義の是正につながると論じている（Fricker 2007, 邦訳 p. 223）。解釈的不正義を被っている人物は、その経験を言い表す適切な解釈資源がないために、自分の社会的経験を適切な仕方で伝えることができなかったり、自分自身でも意味を理解できなかったりしているのだった。たとえば、話し手が何かを真剣に伝えようとしているが、しどろもどろで上手く表現できていないとき、解釈的正義の徳をもつ聞き手は、その話し手がそのような状況に陥っている要因がその話し手の能力ではなく、社会の解釈資源の欠如やギャップにある可能性に十分に留意し、その話し手の語りをできるだけ傾聴しようするだろう。このように、解釈的正義の徳は、聞き手が「解釈資源の欠如やギャップが存在しない状況なら、話し手の語る内容はどの程度、意味がわかるか」まで勘案しながら話し手が語ることを理解しようとするのを促す。さらに、この徳は、話し手と聞き手の非対称的な人間関係のせいで話し手が語りにくい状況にあったり、語られる内容が家庭内暴力などのセンシティブなものであったりすることに十分に注意し、必要ならその影響を少なくできるよう場所を変えるなどの配慮をすることで、話し手の語る内容を寛容に受けとめることを促す。

　証言的正義の徳の場合と同様、解釈的正義の徳も知的徳であると同時に道徳的徳でもある。解釈的正義の徳は、社会における解釈資源の不十分さに対して十分な注意を払うことで、その解釈資源における構造的な欠如やギャップを埋めながら話し手の語ることを十分に理解することを目指すものである。このような解釈的正義は、話し手自身の経験を適切に意味づけ、十分な理解を得るうえでは知的徳として機能するだけでなく、話し手の経験を理解してもらえるよう誠実に語る主体として話し手を承認し、正義を実現するうえでは道徳的徳として機能している。この

ことから、解釈的正義の徳も認識と道徳に関わるハイブリッドな徳なのである。

4．教育の役割

　本節では、教育と認識的不正義との関係について見てみよう。第1節冒頭における三浦アークさんの事例に示唆されるように、教育は、子どもが認識的不正義を被る不健全な認識環境になりうる。その一方で、教育は、不正義を被っている子どものニーズを十分にくみ取り、ケアすることで知的自負心を回復させたりする役割を果たしうる。

　まず、教育が認識的不正義の温床となりうることを見てみよう（e.g., Kidd 2019；佐藤 2021）。ワンダアーによれば、知り合い同士など、人間関係が濃い人々のあいだで犯される証言的不正義では、話し手は聞き手から不当な信用性を割り当てられるだけではなく、聞き手に寄せていた話し手の信頼が裏切られることで、心理的に深い傷を負いやすい（Wanderer 2017）。生徒と教師の教育関係は濃い人間関係の一つであると同時に、そこには特有の非対称的な権力関係が存在する。第1節で紹介したアークさんの事例では、彼女は担任教師を「教師」という社会的役割があるために信頼できる人物とみなし、クラスメイトから受けている差別に対応してくれると期待して相談した。しかし、その担任教師は彼女の期待に反する態度をとったせいで彼女は裏切られ、心を閉ざしてしまったように思われる。

　教育の文脈で解釈的不正義が生じることもあるだろう。「不登校」、「ひきこもり」、「ヤングケアラー」といった概念の理解が十分に広まっていない状況では、そのせいで様々な事情で生きづらさを感じている子どもが言動を誤解されることがありうる。たとえば、ある子どもが毒親にネグレクトされており、そのせいで学校で誰とも話せないでいるとする。その子どもはクラスメイトから「心の病にかかっている」と見なされるかもしれな

い。あるいは、ある子どもが家庭でヤングケアラーとして親代わりになって兄弟の世話をしており、その疲労のせいで授業中に寝ているのを「授業をさぼってばかりいる」と誤解されるかもしれない。

このように、教育は認識的不正義を助長するリスクがある一方で、子どもが十分なケアをしてもらうことで知的自信を取り戻したりする環境を提供する役割を果たすこともできる。第3節で詳しく論じたように、個人が不正義に抵抗する証言的正義や解釈的正義の徳を涵養することは認識的不正義の是正に役立つ。個人がそれらの徳を身につけるためには、その人自身の努力だけでは不十分であり、その努力を適切な仕方でアシストする認識環境や制度が必要だろう（e.g., Alcoff 2011; Anderson 2012）。教育は子どもにそのような環境を与えることができるだろう。

では、どのような教育実践を通じて子どもは証言的正義や解釈的正義の徳を涵養できるのだろうか。ポーターは、徳の育成に関するスタンダードな方法について以下の特徴を挙げる（Porter 2016）。第一に、個々の徳の特徴を子どもに明示的に教えることである。第二に、教師が特定の徳のお手本を示し、子どもがその教師と実際に学校生活で長く関わるなかで、その教師の徳性をじかに感じ、称賛の感情をもてるようにすること。第三に、それぞれの徳に特徴的なパフォーマンスを繰り返し行うことで、その徳に合った言動を即座に行えるようになること。第四に、教室の学習環境を整えることで、子どもが目標の徳に沿った判断や行動を学校生活のなかで自然と自分自身に刷り込んでいくことである。

徳の育成についてのスタンダードな方法は、証言的正義の徳を涵養するうえでも有効だろう。たとえば、バタリーは、「女は数学ができない」というジェンダーの偏見のせいで証言的不正義を被り、自分の能力に対して自信喪失している子どもの知的自信を取り戻す教育について論じている（Battaly 2022）。このような子どもは「自分は他の人より劣っている」という考えを刷り込まれたり、「自分は授業で挙手して発言して

はいけない」と考えて消極的になったりすることで、自分自身に対する知的自負心を削られている。このような子どもには、授業中の机間巡視の際に努力を褒めたり、授業中の発言を繰り返し適切にフォローしたりすることで、自分を過剰に卑下する傾向を緩和できるように思われる。

　また、子どもへの解釈的不正義に陥らないようにするためには、たとえば、教師は授業以外の場面での学校での子どもの様子や提出物の状況をつぶさに観察することで、子どもが何かを伝えたがっているサインを見逃すことなく、子どもの語りを聴きとろうとすることができるだろう。もし教師が子どもの伝えたいことを十分に理解できない場合には、理解したふりをするより、そのことを正直に子どもに伝え、理解したいというメッセージをその子に送る一方で、この子どもの現状について学校の同僚の信頼できる教師に相談できるかもしれない。たとえば、ひきこもり状態にある子どものなかには、自分で現状を変えたいと思っていても自分の体が自分の意志に反して動いてくれない状態にある人がいる（石川 2021）。教師がひきこもりについての十分な知識をもち、子どもの状況を理解しようとするなら、その子どもの生きづらさは少しであっても緩和されていくのではないかと思われる。

注

1　"Ark & Maya: All Mixed Up."
　　https://www.youtube.com/watch?v=NWeg34noE0Y
2　マイクロアグレッションとは、ある行為が故意かどうかに関わらず、特有の社会的アイデンティティをもつ人々に対して、軽視や侮辱の意味がある敵意ある否定的な言動を繰り返し浴びせることである（Sue 2010, 邦訳 p. 34）。
3　認識的不正義についてのより詳細な説明はFricker（2007）の監訳者解説を参照。
4　肌の色の違いなどの顕著な特徴をもとに人種化（racialization）し、その人種を劣っているとみなす露骨な偏見を発揮したり、悪意をもって差別したりすることを指す（e.g., 北村・唐沢編 2018）。

（佐藤邦政）

第4章
徳理論と教育

1．徳理論の展開と教育：概論

　「生まれついての人格者」や「徳を十全に備えた有徳な新生児」といった存在を、修辞的な意味を超えて想像することは難しい。つまり、徳（の少なくとも大部分）は後天的に修得され、獲得される。したがってアリストテレスの徳に関する議論を最大の知的水脈として、徳理論が20世紀後半以降の英語圏哲学において再興している現在、徳と教育の結びつきがその展開の中で一つの焦点となっていることは半ば当然の動静であると言うことができる。

　本章では徳理論の展開を概観したうえで（第1節）、徳理論に基づく「人格教育」とは異なるタイプの「人格教育」が学校教育において重視されてきた現実に目を移す（第2節）。続いて、哲学と教育の両者に跨る学問領域である教育哲学に見られる徳理論の受容と展開を追い（第三節）、最後に批判点を含めた今後の展望を素描する（第四節）。

　現在の徳理論が大きく依拠している古代ギリシア語の「徳（アレテー）」[1]は、もともと動物を含む事物一般が発揮する能力や機能のよさを表していた。しかし、魂のもつ人間に固有の機能を優れたものにすることが徳であるとしたソクラテス以降、プラトンもアリストテレスも徳を「人間の徳」として論じるようになった（星野・三嶋・関根編 1997, pp. 202-204）。現在のところ、徳認識論を代表する論者であるH・バタリーの「徳とは人を卓越した人間にする性質」（Battaly 2015b, p. 5）という叙述が、「徳」についての一つの穏当な描出だと言えるだろう。

アリストテレスは、徳を思考に関わる「知的な徳」と性格に関わる「人柄の徳」[2]に大別し、前者を教示に後者を習慣に主として結びつけた。「人柄の徳」は、勇気、節制、正義など、現在の「道徳科」の「内容項目」とも重なるところがあり比較的イメージしやすい。他方、「知的な徳」は「魂自身の性向に基づいて肯定したり否定したりすることで魂が真理を把握するような、そうした魂の性向」とされ、次の五つが挙げられる——「テクネー（技術）」、「エピステーメー（学問的知識）」、「ソフィア（知恵）」、「フロネーシス（思慮）」、「ヌース（知性）」（アリストテレス 2016, p. 36）。

現代の徳理論を構成する両輪である徳倫理学と徳認識論は、大まかに言えば、前者が「人柄の徳」を、後者が「知的な徳」を中心的な主題とする。ただし、現在の徳理論が目を向ける個々の徳は、アリストテレスが挙げたものと必ずしも一致するわけではない。特に徳認識論における「知的な徳」は、「知的勇気」、「知的誠実さ」、「知的注意深さ」など、アリストテレスが「知的な徳」に分類した五種とは異なる部分が大きい[3]。ここで鍵となるのは、倫理に関してであれ、知ることに関してであれ、当該行為者が身にまとう「性格特性（character traits）」である。

徳倫理学は現在、「何が道徳的によい（good）のか、正しい（right）のか」といった問いに取り組む規範倫理学において、義務論および功利主義／帰結主義に続く第三の主要アプローチと位置づけられるに至っている（本書第1章参照）。カントに端を発する義務論の普遍的規範の重視（行為の際、自分だけでなく他の誰もが納得するような普遍的規範に従うことを要請する）にせよ、功利主義の「最大多数の最大幸福」というよく知られる定式にせよ、これらはいずれも「正しい行為」を導出する原理をめぐる規則志向的なアプローチである。これらに対して徳倫理学は、当該行為を行う行為者がどのような人であるかに目を向ける。行為者がどのような人であるかに迫るために、その人に備わる「諸徳」、「道徳的な人柄」すなわち「性格特性」への着目が求められることになる。

徳認識論は徳信頼性主義と徳責任主義という二つの方向性に大きく分かれる（本書第2章参照）。徳信頼性主義は、ある人のもつ信念はその人の「知的な徳」が発揮されたものであるかという観点を中心に、知識をめぐる伝統的な認識論の問題群にアプローチする。この立場は、「知的な徳」を記憶、視力、聴力、推論能力、反省能力などの認知能力／認知機能と捉える傾向が強い。

　一方の徳責任主義は、「知的な徳」の中心を「知的な性格特性（intellectual character traits)」に見る（たとえば、「知的勇気」、「知的誠実さ」、「知的注意深さ」など）。徳信頼性主義における「知的な徳」には、生まれつきの資質という側面があったのに対し、徳責任主義における「知的な徳」は基本的には後天的に獲得される。そのため、しばしば後者の議論の方が教育の問題領域との親近性が強くなる。また、徳責任主義の「性格」重視の立場は、「人柄の徳／倫理的な徳」との隔たりを縮小させる。この境界を最も建設的なかたちで跨いだ研究の一つが、M・フリッカーの「認識的不正義」研究と言うことができるだろう（本書第3章参照）。

2．徳理論の展開と教育：現実

　徳倫理学は「正しい行為」から「優れた性格／人となり（good character)」へ、徳認識論は「知識」から「よく知る人」（多くのことを知っている人ではなく、‘good knower’という意味での「よき知り手」）への視点の変換を強調する。これらの哲学的主張は、学校教育や教育の現場にどのように反映され得るだろうか。

　徳倫理学者たちが取り組むテーマの一つに、人を優れた人間たらしめる徳、性格特性の涵養を目指す「人格教育（character education)」がある。しかしここで注意すべきは、徳理論の展開から生じてきた人格教育とは別の「人格教育」が、すでに学校教育の現場に戻ってきている[4]

という事実である。1990年代の米国における「新たな人格教育運動」がその顕著な例である。このもう一つの「人格教育」推進の理論的支柱の一人だった発達心理学者T・リコーナは、徳を意図的に育成することを前面に押し出す「人格教育」[5]について次のように述べる。

　　私たちがいつも強調していることは、人格教育は新しいアイデアではないということです。長い歴史を通じて、世界中の教育が掲げてきた二つの大きな目標は、子どもたちを賢くすることと、善良な人間にすることです。この二つの目標に必要なのは人格（character）です。子どもたちが学校で良い成績を修め人生で成功するためには、勤勉や自律、粘り強さなどの人格の力が必要になります。肯定的な対人関係を持ち、地域コミュニティの中で暮らすには、尊重や責任のような人格特性（character qualities）が必要です。（Lickona 2004, 邦訳 p. 13, 訳文は一部改変）

　ここに示されている教育の二大目標は、知ることについての徳認識論と道徳についての徳倫理学が対象とする目標でもある。しかしこれらの目標達成へのアプローチは、これに先行するもう一つの「人格教育」のものとは異なる。後者（先行する「人格教育」）の実態は、特に20世紀中盤以降に見られた「強く指示しない教育や価値についての相対主義的な教育」が「自分で決めること」ばかりを称揚した結果もたらされたとされる、教育のそして社会全般の荒廃に対する保守反動という面が色濃い（Lickona 2004, 邦訳 pp. 13-14）。

　当時の米国は、全米研究評議会の1992年版の報告に、「米国は現在、先進国の中で最も暴力的な国である」と記述される状況にあり、1995年に行われた第2回「民主的な市民社会のための人格形成に関するホワイトハウス会議」では当時の大統領ビル・クリントンが、「かつて教育の一環として当然のように行われていたこと［人格教育］がいつの間にか風

化してしまった。それを取りもどそうではないか」という人格教育復活への高揚を象徴する発言を行っている（Lawton 1995）。このような社会状況が人格教育の再登場を要請し、微細な規律違反にも厳格な態度で臨む、いわゆる「ゼロ・トレランス（＝非寛容）」政策へと繋がっていく。

　さらにこの先行する人格教育は、知的能力の育成も射程に収めている。実際、この人格教育は、米国で21世紀に入ってすぐに制定された「どの子も置き去りにしない法（The No Child Left Behind Act of 2001）＝ NCLB 法」やその施行に付随した「ハイステイクスな学力テスト」とも相性のよさがある。学力格差の是正を目指して法制化された NCLB 法だったが、その達成度が学校（や個人）の命運を賞罰というかたちで左右する学力テストへの狂騒を生み出し、児童生徒の思考力や教科に対する本質的な理解よりも試験結果を重視する学校システムへの傾斜が見られる事態になったことは否めない（Baehr, ed. 2016, p. 7）。NCLB 法が先行する人格教育と相性がよかったのに対し、徳認識論の教育への応用を先導してきた J・ベアは NCLB 法がもたらした状況を改善するために2010年代から導入されている「共通スタンダード」の方が、知的な性格特性への関心が寄せられ、徳認識論（徳責任主義）と親和的であることを示唆している（同前）。現代哲学において多様な展開を見せる徳理論の観点から子どもの徳、（知的）性格特性に働きかけることを探求する試みは、規律訓練的な人格教育とは区別されなければならない。

3．教育哲学における徳理論の受容と展開

　徳理論の展開は、「どのように生きるか／どのような人間になるか」を主題の一つとする教育哲学にも影響を与えないはずはなかった。その影響はまず道徳教育の領域に表われた[6]。

　1980年代初頭までの倫理学は規則や原理についての分野であり、たとえば行為者の道徳性を自律性に還元し、その自律性をさらに合理性に

還元するというカントのプログラムに依拠しながら、規則や原理の「合理的正当化」が試みられてきた。この線に沿った当時の道徳教育の目的は、道徳的推論（理由づけ）能力（moral reasoning）の育成であった。その典型が1970年代に一世を風靡した、米国心理学者コールバーグの道徳に関する認知発達段階説に基づく「モラルジレンマ」授業である。カントの枠組みを援用するコールバーグの理論は、（伝統的な）人格教育の凋落に伴って1960年代半ばから提唱され流行していた「価値の明確化（values clarification）」アプローチ[7]の相対主義的傾向を強く批判しながら登場し、道徳性の発達の普遍性を強調していた。またコールバーグは、（伝統的な）人格教育についても、価値の「徳目袋（a bag of virtues）」と断罪している（Kohlberg 1981, p. 9）。

　「道徳的推論能力」重視の状況に変化をもたらすことになる一群の書籍が登場したのは、1980年代前半である。その後の変化に最大の貢献をした一冊が1981年に初版が刊行されたA・マッキンタイアの『美徳なき時代』（MacIntyre 1984）であり、続いてコールバーグ理論の男性中心主義を摘発した心理学者C・ギリガンの『もうひとつの声で』（Gilligan 1982）、さらには教育哲学者N・ノディングズの『ケアリング』（Noddings 1984）が相次いで出版された。これらの書物の影響力により、道徳教育を徳倫理学かケアの倫理（あるいはそれらの融合）のレンズを通して捉える潮流が形成されるに至る。そこではもはや、道徳教育の中心的な関心は「私は何をすべきか」という問いに合理的に答えられるように導くことではなく、優れた人間になることに寄与するような「望ましい性格特性または徳」を涵養することに移っている。

　このようにして、子どもの人格、性格に働きかける人格教育が再び脚光を浴びる道が準備された。この現代徳倫理学の進展から湧出した人格教育は、「道徳的推論能力が、実際の道徳的な行為とどのように結びつくのか」という問いに十分に答えられなかったコールバーグ流の道徳的推論能力重視のアプローチ（Noddings & Slote 2002, p. 351）から、道徳的

な行為や実践、そしてそれらを行う行為者に重心を移し替えている。しかし徳倫理学的人格教育は、コールバーグらの合理主義的アプローチを批判しながらも、第2節で見た復古的な人格教育とは異なり、理性（reason/rationality）を軽視しているわけではない。徳倫理学の発展の上で大きな役割を果たしたJ・マクダウェルの「徳と理性」（McDowell 1979）や教育哲学者G・ヘイドンの論文「理性と諸徳」（Haydon 2011）に見られるように、そこでは徳と理性の関係が枢要なテーマの一つとなっており、その教育的展開においても重要な鍵を握っていると言ってよい。

　教育哲学、道徳教育分野でコールバーグ流の合理主義から徳倫理学へという流れを先導したのは、1991年の『徳を教育する』以来、重要な論考を次々に送り出してきたD・カーである。節制、謙虚、善意といった基本的な諸徳を教えることは「押しつけ」であり「非民主的」とみなされるという教育界が悩まされてきた状況に対し、カーは「道徳的な生」をアリストテレスの議論から見直すことを主張しながら徳の教育を擁護する。彼は『徳を教育する』で、自身の主張を後押しする現在の新アリストテレス主義の論客として、理性や認知と道徳的行為を切り離さない議論を展開するマクダウェルと、道徳的な生を歴史的に成り立たせてきた個々の社会的・文化的前提条件への注視なしに抽象的な理性を論じることの不毛さを説くマッキンタイアを挙げている（Carr 1991, pp. 101-107）。

　カーの他にも徳理論や関連テーマに積極的な関わりをもつ教育哲学者には枚挙のいとまがない。R・ハーストハウスの言うように、現代徳倫理学は次の三つに関わることが多い（Hursthouse & Pettigrove 2022）——(1) 徳（アレテー）、(2) フロネーシス（「知的な徳」の一つであるとともに、「全体として何が善き生を促進するか」という文脈の中で競合する価値や行動について相対的な重みづけを繊細に思慮する総体的な徳でもある）（Kristjánsson 2015, 邦訳 p. 126）、(3) エウダイモニア（幸福（happiness）／開花（flourishing）／よい状態（well-being））。それぞ

れに呼応するように、教育哲学の領域でも、個々の徳の教育を扱う研究、J・ダンやK・クリスチャンソンなどフロネーシスの涵養に関する探究、J・ホワイトやD・デ・ロイテルなど「善き生」や幸福を教育目的に据える論考などが見られ、そこから多くの議論を派生させている。

　徳認識論に関しても、知的好奇心、知的粘り強さ、知的謙虚さなど諸徳をめぐる研究、教育目的を知的性格特性の養成から検討する試み、知的人格教育（intellectual character education）など、様々な議論が展開されている。徳認識論と教育についての影響力のある二つのアンソロジー（Kotzee, ed. 2014 および Baehr, ed. 2016）に見られるように、この領域は（徳倫理学と教育の場合と同じく）教育哲学者と哲学者（認識論者）が制度的な垣根を超えて協働している点にも特徴がある。

　研究組織や政策に目を向けると、カーも所属していた「人格と徳のためのジュビリー・センター（The Jubilee Centre for Character and Virtues）」が 2012 年、英国バーミンガム大学の教育学部に設置されたことが特筆に値する。同センターは、当該分野を第一線で研究する哲学者、教育哲学者、社会科学者からなる 20 人ほどの専任スタッフが在籍する国際的な組織で、研究センターとしてはもちろん、政策や教育実践への積極的な関与にも特徴があり、現在の徳倫理学的教育アプローチの中心地と言える[8]。 2010 年代半ばには、人格教育の政策面への反映が英国（イングランド）で盛んに見られた。巨額の補助金が、忍耐強さ、レジリエンス、自信、正直さ、誠実さといった徳、性格特性を学校で教える人格教育に投入される政策が始まり、2015 年以降、人格教育の『ガイドライン』も教育省によって発行されている（e.g. Department for Education 2015）。このように英国では人格教育の花盛りと言ってよい時期を迎えているが、現在では政府の「生活必需スキルプログラム（The Essential Life Skills Programme）」を中心に、子どもたちの「精神的、道徳的、社会的、文化的な発達」への寄与という観点から（のみ）人格教育が捉えられる時期に移行しているという指摘もある（Smith

2022, p. 890)。

4．批判と展望

　徳理論およびその教育領域における具現化には多くの批判も寄せられてきた。とりわけ、人格教育には批判が集まりやすい。たとえば、結局のところ伝統的な注入型の人格教育との区別がつかないのではないか、そもそも人格教育は学校の役割なのか、個別の徳を教育の対象として同定することは難しいのではないか、といった数々の批判が存在する（e.g. Smith 2022, pp. 891-892)。

　ここでは、教育哲学に徳倫理学の視点を持ち込み、関連議論を先導してきたカーの近年の「変節」を瞥見する。2017 年の論文でカーは、教育哲学者たちはマッキンタイアの議論に偏って徳倫理学を受容しその教育的な応用を検討してきたが、マッキンタイアのコミュニタリアン的な徳理論は、徳の教育にはほとんど建設的なかたちでは結びつかないと批判する。「マッキンタイアは、道徳的な徳を道徳な信念や視点と同一視する傾向があるようだ」と言い、マッキンタイアの徳理解は相対主義的で構築主義的であり、アリストテレスの自然主義的で実在論的な議論とは相いれないという主張を展開するようになる（Carr 2017, pp. 322-323)。さらに直近の論文では、現代徳倫理学が関わる三つの中心概念——徳、フロネーシス、エウダイモニア——のいずれもが、教育言説や教育実践への直接的な恩恵をもたらさない可能性を取り上げ（Carr 2021; 2023a; 2023b; 2023c)、たとえば「（有徳な人、優れた人を範例とする）手本論」を手厳しく批判している。徳倫理学の観点から教育のあり方や実践を構想する際には、近年のカーの論考を検討することが今後の重要な課題の一つとなるだろう。

　現在のカーは、かつて激賞していたアリストテレスの自然主義にもやや懐疑的な目を向けつつあるように見える。しかしながら、アリストテ

レスの「自然主義」についての解釈は様々に分かれており、たとえば「（科学的な探究を重視する）第一の自然の自然主義」vs.「（前者に還元されない自然を重視する）第二の自然の自然主義」（Liu 2017）といったかたちで多くの論争が存在する。同種の議論は教育哲学においてもD・バクハースト、S・レードル、A・カーンらによって盛んに行われており、人間本性（human nature）を視野に入れて（認識的側面を含めた）徳を研究する豊かな視点が示唆され始めている。

　徳認識論により焦点を当てた展望については、教育認識論が研究と実践を蓄積してきたクリティカル・シンキングや「哲学対話」との異同を検分することが欠かせない（本書第13章・第14章参照）。さらに（教育）哲学には、内容知と方法知の区別に関わる議論や、暗黙知や「わざ」といった必ずしも言語化を伴わない知をめぐる研究がかなり積みあがっており、こういった蓄積を徳認識論が豊饒化することが期待される。

注
1　「徳（アレテー）」は、英語では多くの場合 'virtue'、時に 'excellence' の訳が用いられ、日本語では「徳」、時に「卓越性」の訳が使われる。
2　「性格の徳」や「倫理的な徳」といった訳語がよりふさわしい文脈も存在する。
3　そのこともあり、現代の徳認識論者たちは、「認識的な徳（epistemic virtues）」という表現を採ることも多い。
4　20世紀に衰退するまで、道徳教育の歴史は洋の東西を問わず人格教育の歴史だったと言うことができる（Noddings & Slote 2002, p. 350）。
5　この人格教育については、「品性教育」とも訳されてきた。
6　続く二段落は、Haydon（2011）および Noddings & Slote（2002）をもとに、必要と思われる内容を加えて構成した。
7　価値の押しつけや原理重視ではなく、各自の価値を表明することに重点を置いたアプローチ。価値の内在性に迫れない、異なる諸価値の区別ができないといった批判にさらされた（Barrow & Woods 2022, p. 109）。
8　ジュビリー・センターに対する批判的論考については、たとえばSuissa（2015）を参照。

（三澤紘一郎）

第5章
東洋における徳の思想

1．徳の誕生

(1) 徳と天命

　徳という文字は、中国最古の文字資料である殷代後期の甲骨文<ruby>甲骨文<rt>こうこつぶん</rt></ruby>にはそのままの形では見えず（「心」の部分を欠く）、周代初期（紀元前11〜10世紀頃）の金文、すなわち青銅器に鋳込まれた銘文に至って完全な形で現れる（しばしば「悳」とも書かれる）。それによれば、徳は天、とりわけ天命という観念と密接に関わっていた。この特徴は、儒教の根本経典「五経<ruby>五経<rt>ごきょう</rt></ruby>」の一つである『書経<ruby>書経<rt>しょきょう</rt></ruby>』のうち、特に古い由来を持つとされる周代初期について記した部分にも共通して認められる。

　これらの資料において、天命という観念は、殷から周への王権の移行、いわゆる殷周革命を正当化するために用いられている。天命とは、天が地上の王に対し、自身に代わって地上の世界を統治せよと下した命令であり、天命により統治を委任された王を天子、天子により統治される世界を天下という。要するに、殷周革命は人為的になされた力による王権の奪取ではなく、天命によって生じた不可避的な事態であったというわけである（なお、天命は拒否できないので運命の意となり、運命の最たるものは寿命であることから生命の意ともなる）。

　その際、周の為政者が殷の被征服民に対して用意した理屈は、おおよそ次のようである——天は普遍的な存在であり、周のみに加担することはない。かつては殷も天命を受けて世に君臨していたが、時を経るうち

に天に見限られたにすぎない。その昔、殷がその前の王朝の夏に取って代わった際にも、事情はまったく同様であったのだ――。かくして、受命（天命を受けること）は中国史上幾度となく起こった王朝交代を説明するための普遍的な原理となっていく。

しかし、はたして天がこのように移り気なものであるならば、いずれは周も夏や殷と同じ運命をたどることになろう。それが「天命常亡し」（『詩経』大雅「文王」）といわれる事態である。そこで、天命を引き寄せ繋ぎ止める根拠として措定されたのが、王の具える徳である。夏や殷が天命を失ったのは、王としての徳が次第に衰えたためで、裏を返せば、代々の王が徳を保ち続ける限り、天命がその王朝を離れることはない。

初期における中国の徳を一言で説明するのは難しいが、それは天の権威を背景に、民を惹きつけ動かす何らかの人格的ないし族的な力であり、文と武、恩恵と強制の両面を未分化に併せもつものであった（小倉1970, pp. 62-79；小南2006, pp. 201-226）。かくして、天は徳のある王に天命を下し、王は徳を保つことによって天命を繋ぎ止めるという往還構造が完成する。

徳の保有者として想定されたのは主として為政者であったが、均しく天という理法的存在のもとに生まれた民も、徳の判定者として位置づけられ、民の帰趨こそが天命の具体的な現れと考えられた。そのことは、『孟子』など後の儒教文献にもしばしば引用される次の『詩経』の一節によく示されている。

　天烝民を生ず　物有り則有り　民の彝を秉る　是の懿徳を好む
　（天は万民を生み、本性と法則を与えた。民は規範を保ち、美徳ある君を愛した）（『詩経』大雅「烝民」）

(2) 徳による政治

このように徳はもともと政治的な観念であるから、これ以降、中国に

おける徳をめぐる議論が主に政治思想として展開するのも自然な成り行きといえる。

　孔子（孔丘）が生を受けた春秋時代晩期は、成文法が徐々に整備され浸透しつつある時代であった。孔子は前551年（または552年）に生まれ、前479年に没したとされるが、『春秋左氏伝』によれば、この間、前536年に鄭で、また前513年には晋で、「刑鼎」が鋳造されたという。「刑鼎」とは法（刑法）の条文を鼎という大型の青銅器の内側面または底部に鋳込んだものであり、法の権威の定着を意図するものであった。

　こうした傾向に禍々しいものを感じた孔子は、あえて法と徳を対立的に捉え、前者に対する後者の優位性を強調する。『論語』子路篇のよく知られた問答に、羊を盗んだ父親を告発した息子ははたして正直者か、というものがある。孔子の答えはもちろん「否」であり、「父は子の為に隠し、子は父の為に隠す」ことにこそ正直さがあるとした。親子関係に法が介入することにより孝のような家族道徳が破壊されることへの強い警戒心が看て取れる。

　孔子は法による政治の有効性に対して疑念を隠さなかった。『論語』為政篇に載せる孔子の言葉に「政令によって導き、刑罰によって治めるなら、民は免れさえすれば恥とも思わない。徳によって導き、礼によって治めるなら、民は恥を自覚して正しくなる」とある。命令や刑罰などの手段により行動をコントロールしようとしたところで、民は抜け道を探すだけである。長い目で見れば、徳と礼によって内面に善悪の基準を確立し、恥を知る心を育てることに勝る方法はない（儒教における徳と恥の関係については Cua 2003; Van Norden 2004 を参照）。

　孔子は、徳や礼に人を動かす力があることを繰り返し強調する。「上礼を好めば、則ち民使い易し」（『論語』憲問）、「其の身正しければ、令せずとも行わる。其の身正しからざれば、令すと雖も従われず」（『論語』子路）等々。これはあながち単なる夢想とは片づけられない。人に

何かを頼む際、ちょっとした表情や言葉使い、会釈や握手などの仕草が、いかに事態をスムーズに進行させるものであるかを我々は知っている（Fingarette 1972, ch.1）。それは、礼に適った振る舞いがその人の徳の発露と看做されるためである。集団の規模が大きくなれば困難は増すとはいえ、それは技術的な問題にすぎず、政治——すなわち人を動かすこと——の本質は変わらない、というのが儒者の立場である。

　結局、孔子にとっての政治の理想は、『論語』為政篇冒頭の「徳によって政治を行えば、まるで天の北極がその場所にいて星々がその周りを巡るかのようだ」という一句に集約される。それは、有徳の君主のもとで、何らの強制力も必要とせず、人々があたかも夜空の星のように自ら秩序正しく行動する社会であった。

2．様々な徳目

(1)『書経』の九徳

　儒教文献において徳の内実はしばしば種々の徳目によって示される。その種の徳目を列挙した早い例に『書経』皋陶謨（こうようぼ）の「九徳」がある。その内訳は「寛にして栗（りつ）、柔にして立（りつ）、愿（がん）にして恭、乱にして敬、擾（じょう）にして毅（き）、直にして温、簡にして廉、剛にして塞、彊（きょう）にして義」という簡潔な形式で示されるが、強いて現代語訳すれば「寛容で厳格、柔和で勤勉、善良で慇懃、有能で謙虚、従順で果断、率直で温和、鷹揚で潔癖、剛毅で素直、強硬で穏当」というぐらいの意味となろう[1]。

　この九徳は人材を登用する際にその徳性を判定するための基準で、うち三者を兼ねれば卿大夫（けいたいふ）（大臣や領主）に、六者を兼ねれば諸侯に、九者をすべて具えれば天子に任ずることができるとされ、かくして下は一人一人の官吏に至るまで、それ相応の徳を持った者に任ずることにより、徳による政治が完成するという。

興味深いのは、九徳といいながら、実際には二つずつの対が九つある
ので、都合十八の徳目が含まれていることである。しかも、それぞれの
対は基本的に相反する性質からなっている。

　なぜ相反する性質が対になることではじめて一つの徳が成立するの
か。この点について、後漢の鄭　玄（127-200）の説を参照しつつ敷衍す
れば、各対の一方の性質のみであれば生まれつき具えている人もいる
が、それだけでは徳とはいえず、それを反面から補正しえてこそはじめ
て徳といえるという。これは「中庸の徳」（『論語』雍也）の先駆的表現
ともいえ、徳と本性との関係を考えるうえで、また徳における修養の必
要性について考えるうえでも、重要な観点を提供する。

(2) 『論語』の徳目――仁と知を中心に

　『論語』に数多くの徳目が言及されることは、よく知られる。木村英
一に従ってその概略を挙げれば、仁（人間らしさ）・忠（自己を欺かな
い忠実さ）・恕（己を推して人に及ぼす同情心）・信（人を欺かぬこと）・
礼（社会的慣習・規範・エチケット）・知（知識）・義（当然為すべきこ
と）・文（文化・教養）・中庸（適切さ）・孝（父母によくつかえる）・弟
〔悌〕（年長者によくつかえる）・恭（うやうやしい）・敬（うやまう）・
譲（人にゆずる）・謙（自らへりくだる）・遜（人に対しさしひかえる）・
勤（自らをつつしむ）・直（しょうじき）・諒（まじめ）・良（すなお）・
慎（用心する）・勇（実行力）等々（木村 1975, pp. 572-574 により一部
改変）。

　なかでもとりわけ仁は、孔子によってまったく新しい意義を与えられ
たものとされる。『論語』における仁の出現回数は百回を超えるが、一
貫した定義は示されない。それは仁がその都度の具体的な状況に応じて
異なる現れ方をする、一つに限定されない徳目だからである。そもそも
仁は「人」と同音の言葉であり、中国最古の字書『説文解字』（西暦
100 年成書）には、「仁とは親しむこと、人と二から構成される会意文

字」とあって、それが二人の人間の間に通い合う親密さを基盤とするものであることを示唆している。

『論語』において仁はしばしば知と対比される。たとえば顔淵篇のある問答では、孔子は弟子から仁について問われると「人を愛す」と答え、次いで知について問われると「人を知る」と答えている。これは仁のみならず知もまた、人間への理解をその目的とすることを強調したものであろう。

『論語』において仁と知の関係を鮮やかに示すのは、里仁篇の「仁者は仁に安んじ、知者は仁を利とす」という言葉である。仁者は意識することなく仁を行うのに対し、知者は有益であると認めるからこそ仁を行う。仁を身につけることは、後者の段階から前者の段階へと進んでいくこと、頭で考えずとも自然にできるようになることであり、それはある種の技術の修練にも似た過程といえる。

『論語』ではまた「仁者は憂えず、知者は惑わず、勇者は懼れず」（子罕。憲問にも類似句あり）のように、仁・知・勇の三者が併称されることもある。孔子の孫、子思（孔伋）の門人から教えを受けたと伝えられる孟子（孟軻）は、仁・義・礼・智（知の名詞形）の四つの徳目を重視し、それらが外から与えられるものではなく、人の心に生まれつき具わる惻隠・羞悪・辞譲・是非という四種の萌芽（四端）を拡充したものであるとする、有名な性善説を唱えた（『孟子』公孫丑上、告子上）。なお、『孟子』では四徳に「聖人」を加えた五者を列挙する場合もあるが（尽心下）、1970年代以降に前漢および戦国時代の古墓より発見され、はじめてその存在を知られることになった佚書『五行』には、まさに仁・義・礼・智・聖の五つの徳とその修養をめぐって興味深い議論が展開されている。それ以降は聖に代って信が入り、「五徳」として定着していった。

(3) 『中庸』の誠

加えてもう一つ、誠という徳目に触れておきたい。誠と真はどちらも日本語で「まこと」と読めるが、誠が四書の一つである『中庸』（本来は『礼記』中の一篇）をはじめ多くの儒家文献で重視されるのに対し、真は四書五経のうちに一度も現れない。真はむしろ『老子』『荘子』など道家系の文献において頻繁に言及される。それは是非、美醜、善悪など一切の人間的な価値判断——それらは道家によればみな人為、すなわち偽である——を拒絶した、価値ならざる価値であり、天の自然なあり方そのものとされる。

　誠はそれとは異なり、あくまで人が「天地と参する」（天地のはたらきに第三項として参与する）（『中庸』）ことをゴールとする。『中庸』に「誠は天の道なり、之を誠にするは人の道なり」とあるように、完全な形での誠はやはり天にこそ認められ、天が物言わずとも万物を化育するのは、そこに誠があるためとされる。他方、往々にして日常の意思疎通もままならない人間には「誠にする」という努力の過程が欠かせないが、天より与えられた自身の本性を十全に発揮することができれば、至誠となって天にも通じ得るとされる（張岱年 1982, pp. 323-344）。ここで第一節の議論を振り返るなら、この誠こそは、周代初期における徳の観念の直系の子孫であり、それを歴史的文脈から離れ一般化したものと看做すことができよう。

3．徳の批判者たち

　徳とは要するに諸々の徳目の総称であって、それを離れて別に徳というものがあるわけではないとも考えられよう。ところが『老子』には「道を失いて後に徳あり、徳を失いて後に仁あり、仁を失いて後に義あり、義を失いて後に礼あり」（三十八章）といい、仁・義・礼などの徳目は徳の頽落形態にすぎないとする。

　『老子』の別名を『道徳経』とも呼ぶように、『老子』において徳は道

に次いで重要な観念である。ここでの徳については、古来、「徳は得なり」（王弼『老子注』）、「徳とは身を得るなり」（『韓非子』解老）のように、「得」との字音の近さにもとづく声訓という解釈方法を用いて解釈されてきた。おそらく何らかの調和状態のもとでの、各々の存在者の自足的なあり方をいうのであろう。

　この章の冒頭は「高い徳は徳とも思わないから徳があり、低い徳は徳を失うまいとするから徳がない」という有名な逆説で始まる。徳を自覚した時点でそれはもう徳ではない。仁や義を声高に唱えるほど、世に不仁、不義の横行していることが露になる。『老子』の立場からすれば、孔子の仁にしたところで、原初の調和状態が失われた後に、引き裂かれた自他の関係を修復しようとする試みにすぎないということになろう。

　この『老子』のように、儒家的な徳の思想に飽き足らない者もまた少なくなかった。以下に二つの立場を紹介したい。

　一つは、政治の実際における徳の無効性を指摘する立場である。すでに見たように、孔子の徳治主義は春秋時代晩期における法支配の漸進的展開を一つの背景とするものであった。この趨勢を押しとどめることはできず、最終的には厳酷な法治主義に立脚した秦による天下統一へと突き進んでいく（前221）。しかしその一方で、戦国時代の諸侯たちは徳の擁護者の美名を得んがため、儒者への礼遇をやめなかった。戦国時代末期に法家思想を大成した韓非（?-前233）はその状況に激しく憤り、国を内側から蝕む害虫として儒者を非難した。『韓非子』五蠹篇には「学者は先王の道と称しては仁義を持ち出し、容貌を整えて言葉を飾り、現行の法を疑い君主を惑わす」とある。そもそも法家の立場では、人の行動さえ制御できればそれでよいので、内面の徳などには関知しない。同じく五蠹篇には、「上古は道徳を競い、中世は智謀を逐い，当今は気力を争う」といい、合従連衡の外交戦略から富国強兵の実力主義へと進んできた戦国時代の政治史の現実を踏まえ、徳治を過去の遺物として相対化することにより、儒家のアナクロニズムを論っている。

もう一つは、日常から遊離した徳の抽象性を批判する立場である。徳という言葉にはより卑近な意味、人さまから受けた恩徳——しばしば物質的経済的な援助をともなう——という意味もある。それは当時の一般の人々にとってより切実な「徳」であった。古代中国において、もっぱらこうした恩徳の応酬からなる世界に生きていたのが、遊俠と呼ばれる人々である。そうした人々の生きざまを記録した『史記』遊俠列伝の序には、「鄙人」（野卑な人間）の発言として、「仁も義も知ったことではない、利益を受けた相手こそが有徳者だ」とある。儒者の唱える高尚な徳目が、それらの人々の生活実感にそぐわないものであったことを窺わせるが、これもまた古代中国の徳の一面といえよう。

4．徳と修養

　古代中国では徳を究めた者は聖人と呼ばれた。後世、聖人といえばほとんど孔子の代名詞となるが、当の孔子本人は、自分は聖はおろか仁にも該当しないと述べたと伝えられる（『論語』述而）。そもそも普通の人が聖人に到達することは可能とされたのか。

　これについては、おおよそ漢代から唐代までと、宋代以降とで大きく考え方が転換し、常人の手の届かない存在から学んで到達できる存在へと変わっていったとされる。ただ、さらに前の戦国時代には、たとえば孟子にせよ、やや遅れる荀子（荀況、また荀卿とも）にせよ、聖人を到達可能なものと認めていたようである。というより、両者は人の本性に関して性善説と性悪説という正反対の説を唱えたことで知られるが、そのいずれにせよ、人の本性はみな（聖人も含め）共通であることが前提とされているのだから、それも当然といえば当然である。特に『荀子』には、「道を行く普通の人が善を積み重ね全うしたならば、それを聖人と呼ぶ」（儒效篇）と明言されている。

　性善説を唱えた孟子と性悪説を唱えた荀子では、聖人に至る方途は当

然にも異なっている。孟子の場合、すでに触れたように、すべての人には生まれつき例外なく徳の萌芽が具わっており、ときに道徳性など微塵も持ち合わせないかのように見える人間がいたとしても、それは種々の要因により萌芽の生長が阻害されているせいだから、その阻害要因を取り除いてやればよい。そのなかでも、孟子が強調するのは、以下に示されるように、ほかならぬ自身の心である。

　　仁・義・礼・智は外から私に鋳込まれたものではなく、私が固有するもので、ただそこに思いを致さないだけである。ゆえに、求めれば得られ、捨てれば失う、というのだ。（『孟子』告子上）

　孟子が問題の核心と看做したのは、自身が居ながらにして有徳の存在であることに、多くの人が気づいていないという点であった。必要なのは、まずはそこに思いを致し、自覚することである（末永 2015, pp. 8-11）。孟子は「学問の方法は他にはない、ただ放たれた心を求めるだけだ」（同上）とまで極言している。

　一方、荀子の場合、人の本性は欲にほかならず、それを放置すれば他者との利害の衝突を招くことから悪とされるが、礼という回路を通して相互の欲を整流化することにより、欲は得（獲得可能な欲）となり、秩序ある安定した社会が実現する。孟子が礼の萌芽を人の本性に具わる辞譲の心に求めたのに対し、荀子にとって礼とは人の外にある制度であって、人はそれを学習により身につけなければならない。この人為的なプロセスを荀子は「偽」と呼び、それこそが善であるとした[2]。

　このような偽を積み重ねていくことを「積偽」というが、「積」は『荀子』に頻出する、その修養論を象徴する言葉であり、人は悪なる本性を離れどこまでも上昇してゆけるということが想定されている。その点、荀子が誰でも聖人に到達しうるとしたのも不思議なことではない。『荀子』勧学篇には、学の形式が「経を誦することに始まり礼を読むことに終わる」とい

う首尾の定まったコースであるのに対し、学の意義は「士となることに始まり聖人となることに終わる」、一生のあいだ片時も離れることのできない過程であることを強調している。ここには、学の目的は聖人となることにあると、端的に断言されている。

『荀子』には「小人→君子→聖人」とか「士→君子→聖人」とかの形式で、人格の完成度を段階的に叙述するくだりが非常に多い。今その内容については省略するが、このような叙述形式が取られることも、以上のような荀子の修養論からする一つの帰結といえる（内山 2016, pp. 92-98）。

なお、本章では古代中国における徳を中心としたため詳説する余裕がなかったが、宋代以降には「聖人学んで至るべし」の標語のもと修養論が展開する。そして、現代においてその伝統を汲むいわゆる現代新儒家らは、1958 年の「為中国文化敬告世界人士宣言」（新儒家宣言）において、信者であるか否かによって人を差別しないわけにはいかない宗教とは異なり、「人でさえあれば、ひとしく聖人となって天と徳と合しうる本性を具えている」とする点に儒教の特徴を認め、それが今日においてなお意義を有することを強調している（志野 2016, pp. 62-63）[3]。

注
1　このうちの四つはやや表現が異なるものの同じ『書経』の舜典にも見える。なお、今の舜典は堯典の後半部分が分かれたもの。
2　この「偽」は荀子に特有の用語で、字形のとおり人為を意味し、いつわりという意味は含んでいない。一般に偽の字がいつわりという意味をもつのは、自然（天）こそが真で、人の手の加わったものは贋物であるという発想がその背景にあると思われる。
3　文中に挙げたもののほか、本章全体として参考としたものに小野沢 1968、代表的徳目の概説に溝口等 2001、関連テーマに関する近年の著作に井ノ口 2022、水口 2022 がある。

（内山直樹）

第2部
実践・応用編

第6章

道徳教育における徳

1. 日本の道徳教育の概史

　本章では、日本の道徳教育として学習指導要領に則って展開される道徳教育や「特別の教科　道徳」に焦点を当て、基本的な歴史や内容を紹介する。このとき、アリストテレス主義的徳倫理学から道徳教育を問い、道徳性の発達に関してその含意を検討する。

（1）戦前の道徳教育

　日本の道徳教育の変遷については多くの研究がある[1]。詳細はそれらに譲りながらも、概略的に述べるとすれば、次のようになるだろう。

　明治時代、政府は新しい社会の形成に向けて、学校教育制度の強化を図っていた。その中で、1872年に学制という教育法令が交付されたことで、教育の近代化が推し進められた。学制では「修身科」を通して道徳教育が取り組まれた。学制下の修身科を方向づけたのは、1890年に天皇が渙発した「教育ニ関スル勅語」、いわゆる教育勅語であった。のちに、国定修身教科書が刊行されるようになったが、教科書は徳目を掲げ、それらを説明するのに適した例話や寓話を掲載するものであった。1904年の日露戦争などの影響も相まって、教科書は次第に家族主義国家観、すなわち、国家に対する「忠」と家族に対する「孝」を統合させた道徳を提示するようになった。1931年の満州事変以降、日本は軍部主導のファシズム体制となり、教科書は戦時体制に対応した内容へと変わってゆく。1941年に太平洋戦争に突入してからは、教科書には神話

や天皇に関する教材が増加し、戦争への協力を促す内容となっていった。

(2) 戦後の道徳教育

　敗戦後、日本の学校教育は大改革が進められる。占領軍による日本の民主化改革下で、学制以来の修身科は停止となった。新憲法下では1947年に教育基本法と学校教育法が公布され、道徳教育は社会科が一応の中心とされながら、学校教育全体で取り組むことが目指された。しかし、道徳教育の充実と教科化の必要の声が次第に高まったこともあり、1958年には教科とは異なる形ではあるが、「道徳の時間」が特設された。以来、日本の道徳教育は学習指導要領に基づいて「道徳の時間」が長いあいだ中心的役割を担うこととなる。「道徳の時間」にも学習指導要領の改訂による様々な変化があった。たとえば、1989年の教育内容に関する4つの視点の導入（後述）、教科書がないことに対して2002年より補助教材『心のノート』の配布開始（2014年から『私たちの道徳』）、2006年の改正教育基本法への対応などを挙げることができる。

　そして2015年、「道徳の時間」は「特別の教科 道徳」として教科化された。教科化によって道徳教育の体系化といっそうの充実や、検定教科書の導入、「考え、議論する」ことに基づく問題解決的な学習の導入などが推し進められることとなった。

2．道徳教育の目標と内容項目

　2017年の学習指導要領（平成29年告示）では、小中学校における道徳教育の目標と、「特別の教科 道徳」（以下、道徳科）の目標が次のように定められている（文部科学省 2017b, p. 17, 165; 2017e, p. 19, 154）。

〈道徳教育の目標〉

道徳教育は、教育基本法及び学校教育法に定められた教育の根本精神に基づき、人間としての〔小学校では「自己の」〕生き方を考え、主体的な判断の下に行動し、自立した人間として他者と共によりよく生きるための基盤となる道徳性を養うことを目標とすること。

〈道徳科の目標〉

〔上述の〕〔……〕道徳教育の目標に基づき、よりよく生きるための基盤となる道徳性を養うため、道徳的諸価値についての理解を基に、自己を見つめ、物事を広い視野から〔小学校では「広い視野から」は記載なし〕多面的・多角的に考え、人間としての〔小学校では「自己の」〕生き方についての考えを深める学習を通して、道徳的な判断力、心情、実践意欲と態度を育てる。

　道徳科の目標にある「道徳的（諸）価値」とは、「よりよく生きるために必要とされるものであり，人間としてのあり方や生き方の礎となるもの」である（文部科学省 2017d, p. 17；2017g, p. 14）。道徳科では、道徳的諸価値を理解し、道徳的価値観を形成する上で必要なものとして4つの視点で分類された教えるべき 22 の内容項目が提示されている（文部科学省 2017b, pp. 165-170；2017e, pp. 154-156）。内容項目は徳目的キーワードを用いて表現されている通り、ある種の徳のリストとして理解することもできよう（小寺 2016, pp. 153-154；鈴木 2021, p. 21）。

A　主として自分自身に関すること

〈小学校〉［善悪の判断、自律、自由と責任］［正直、誠実］［節度、節制］［個性の伸長］［希望と勇気、努力と強い意志］［真理の探究］

〈中学校〉［自主、自律、自由と責任］［節度、節制］［向上心、個性の伸長］［希望と勇気、克己と強い意志］［真理の探究、創造］

B　主として人との関わりに関すること

〈小学校〉［親切、思いやり］［感謝］［礼儀］［友情、信頼］［相互理解、寛容］

〈中学校〉［思いやり、感謝］［礼儀］［友情、信頼］［相互理解、寛容］

C　主として集団や社会との関わりに関すること

〈小学校〉［規則の尊重］［公正、公平、社会正義］［勤労、公共の精神］［家族愛、家庭生活の充実］［よりよい学校生活、集団生活の充実］［伝統と文化の尊重、国や郷土を愛する態度］［国際理解、国際親善］

〈中学校〉［遵法精神、公徳心］［公正、公平、社会正義］［社会参画、公共の精神］［勤労］［家族愛、家庭生活の充実］［よりよい学校生活、集団生活の充実］［郷土の伝統と文化の尊重、郷土を愛する態度］［我が国の伝統と文化の尊重、国を愛する態度］［国際理解、国際貢献］

D　主として生命や自然，崇高なものとの関わりに関すること

〈小学校〉［生命の尊さ］［自然愛護］［感動、畏敬の念］［よりよく生きる喜び］

〈中学校〉［生命の尊さ］［自然愛護］［感動、畏敬の念］［よりよく生きる喜び］

　ここで重要なのは、先述の通り、内容項目は道徳的価値観の形成のために必要なものとして位置づけられている点である。授業では、児童生徒に内容項目を提示した上で、道徳的諸価値の理解・解釈を多面的・多角的に検討させ、多様な道徳的価値観の形成を目指すことが推奨される（cf. 髙宮 2020, pp. 12-18）。このとき、特定の価値観を児童生徒に押し付けたり、言われるままに行動するように指導したりすることは避けられなくてはならない（文部科学省 2017d, p. 16；2017g, p. 13）。

3．道徳性の涵養と人格の完成

(1) 道徳性とは何か

　学習指導要領の目標にもあったように、道徳教育は道徳性の涵養を目指す。道徳性とは「人間としてよりよく生きようとする人格的特性」であり、その様相として「道徳的判断力」「道徳的心情」「道徳的実践意欲と態度」がある（文部科学省 2017d, p. 20-21；2017g, p. 17-18）。道徳的判断力とは「道徳的価値が大切なことを理解」し、「それぞれの場面において善悪を判断する能力」であり、道徳的心情とは「道徳的価値の大切さを感じ取り、善を行うことを喜び、悪を憎む感情」である。また、道徳的実践意欲と態度は「道徳的判断力や道徳的心情によって価値があるとされる行動を取ろうとする傾向性」である。道徳的実践意欲は「道徳的価値を実現しようとする意志の働き」であり、道徳的態度は「具体的な道徳的行為への身構え」である。三つの様相に序列はなく、相互に関連しながら全体を構成している。道徳科では、これらの諸様相の調和を保ちながら、計画的、発展的に指導することが目指されている。

(2) 教育の目的としての「人格の完成」

　日本の小中学校における道徳教育は、道徳科を中心としつつ、学校教育全体で取り組まれている。このとき道徳教育は、教育基本法の第一条「教育の目的」に沿うこととなる。

　　第一条　教育は、人格の完成を目指し、平和で民主的な国家及び社会の形成者として必要な資質を備えた心身ともに健康な国民の育成を期して行わなければならない。

ここで「人格の完成」という概念に注目したい[2]。「人格の完成及び国民の育成の基盤となるのが道徳性であり、その道徳性を養うことが道徳教育の使命である」とされる通り（文部科学省 2017c, p. 8；2017f, p. 8）、道徳教育は人格の完成を実現するための役割を担っている。何をもって人格の完成と見なすかは、哲学や宗教、世界観によって異なるが、それを人間の「理性や自己意識の統一性又は自己決定性をもって統一された人間の諸特性、諸能力」を「可能な限り調和的に発展させ」ている状態に見出す見方がある（教育基本法研究会編著 2007, pp. 31-32）。

　教育基本法は、人格の完成を含む教育の目的の実現に向けて、第二条「教育の目標」を掲げている。

　　第二条　教育は、その目的を実現するため、学問の自由を尊重しつつ、次に掲げる目標を達成するよう行われるものとする。
　　一　幅広い知識と教養を身に付け、真理を求める態度を養い、豊かな情操と道徳心を培うとともに、健やかな身体を養うこと。
　　二　個人の価値を尊重して、その能力を伸ばし、創造性を培い、自主及び自律の精神を養うとともに、職業及び生活との関連を重視し、勤労を重んずる態度を養うこと。
　　三　正義と責任、男女の平等、自他の敬愛と協力を重んずるとともに、公共の精神に基づき、主体的に社会の形成に参画し、その発展に寄与する態度を養うこと。
　　四　生命を尊び、自然を大切にし、環境の保全に寄与する態度を養うこと。
　　五　伝統と文化を尊重し、それらをはぐくんできた我が国と郷土を愛するとともに、他国を尊重し、国際社会の平和と発展に寄与する態度を養うこと。

　以上の教育の目標には、複数の道徳的な資質や徳目的キーワードが記

されている。この教育の目標は、1989年の学習指導要領以来、概ね踏襲されている「道徳の時間」および道徳科の先述の4つの視点に基づいているという解釈もある（日本教育法学会編 2021, p. 30, 54-57）。

　以上のように、教育基本法における教育の目的と教育の目標は、人格の完成をはじめとする人間形成において、道徳教育に重要な役割を与え、目指すべき方向性を指し示すものとして理解することができる。

4．アリストテレス主義的徳倫理学に基づく 道徳教育の検討

　上述の通り、日本の道徳教育では道徳性の涵養が目指されている。これを身につけるためには、道徳的諸価値を理解し、価値観を形成する必要がある。そこで道徳科では、道徳性の涵養に向けて22の内容項目で構成されたある種の徳のリストに基づいて教育活動が行われている。

　ここで、道徳教育で道徳性を涵養する上で、我々はどのようなことに留意すべきだろうか。このヒントを徳倫理学におけるアリストテレス主義と呼ばれる立場に立つジュリア・アナスの思想から検討してみよう。

（1）徳の発達と徳の統一性

　アリストテレスは、性格の徳には「〔生まれながらに備わる〕自然的な徳」と「本来の徳」があり、本来の徳は「思慮（フロネーシス）」なしには生まれないと言う（アリストテレス 2002, 1144b15-1144b17）。思慮とは「人間にとっての善悪に関わる行為を行うところの、道理をそなえた、魂の真なる状態」であり、実践において正しく思考・推論する「知的徳」の一つである（アリストテレス 2002, 1140b4-1140b6）。人は思慮を通して、何をなし、何をなすべきでないかを知ることで本来の徳を持つようになる。いわば、「思慮なしには本来の意味での善き人にはなりえないし、また性格の徳なしには、思慮ある人にはなりえない」の

である（アリストテレス 2002, 1144b30-1144b32）。

　アリストテレスが述べる本来の徳をいかにして獲得するかは、道徳教育にとって重要な視点となる。この論点を深めた論者がアナスである。アナスは、徳の習得には「学習」と「（駆り立てる）向上心」が必要であると言う（Annas 2011, 邦訳 pp. 29-87）。徳の学習者には熟達者へと発達するまでの多くの段階がある。学習者は、最初の段階では親や教師、ヒーローの道徳的行為を真似たり、教えを引き継いだりする。しかし、単なる模倣では徳の習得には至らない。学習者は向上心をもって、自分がしていることを理解したり、自立的に行為をしたり、上達しようとしたりする必要がある。これによって徳が発達するのである。

　ここで教育者の観点から重要になるのは、アナスが徳の教育を「理由」とともに行うべきであると考えていることである。本来の徳に基づく行為には、なぜそれを行ったのかについての適切な理由がある。徳の学習者は、教育者が提示する理由を理解し、評価し、時に批判することで、自ら行為の理由を提示できるようになっていく。

　さらに、アナスによれば徳の発達という観点に伴い、「正しさ」をめぐって様々な段階が現れる。たとえば、教育者を模倣する段階にある学習者が行う正しい行為は、本当の意味で正しいと言うことはできない。なぜなら、それは単に機械的な行為だからである。しかし、この段階の学習者にとっては適切に模倣することが正しいということになる。一方で、徳の熟達者がなす正しい行為は、自立的で適切な理由を持つため、本当の意味で正しいと言うことができる。すなわち、徳の発達段階のあり方によって、「正しい行為」の意味合いも変わってくるのである。

　では、徳はいかにして発達させることができるのか。アナスはこの問題に対して、諸々の徳を切り離して一つずつ教えることはできないという徳の特徴を論じながらアプローチする（Annas 2011, 邦訳 pp. 139-167）。これは「徳の統一性（unity of virtue）」と呼ばれ、先述のアリストテレスの性格の徳と思慮の関係の議論を引き継ぐものである。アナ

スは、完全に徳が統一された状態を理想的な（かつ達成できない）目標として位置づけ、「生活の種類が違えば、徳の統一のあり方にも違いが出てくる。なぜなら、徳はそれぞれの生活にふさわしいかたちで統一される必要があるからである」と言う（Annas 2011 邦訳 p. 159）。このとき、各人の徳の統一のあり方は思慮によって調整される。すなわち、理想的な徳の統一への発達は、思慮を育み、思慮を通して、特定の文化や言語、生活など、生きている環境に我々が対応するなかで成し遂げられてゆく。いわば、生活の数だけ理想的な徳の統一に至るまでの多様な発達の仕方があると言うことができよう。徳とは、当人が埋め込まれた文脈において学習され、発揮されるようなものなのである。

(2) 道徳教育における「発達」の再検討

　以上のようなアナスの徳の発達および徳の統一性の議論は、日本の道徳教育に示唆を与えてくれる。アナスの議論にしたがえば、道徳教育では、学習者に有徳な行為の理由を検討する学習の機会の提供と、そうした理由を理解・評価し、自らの正しい行為の理由を考え、行為する向上心の涵養が求められる。こうした観点は、日本の道徳教育および道徳科においても重視されていると言えよう。たとえば、道徳科の授業では、教師や教材を経由して道徳的な行為やその理由を学び、それを「考え、議論する」ことが推奨される。そして、この教育の結果に道徳的判断力・道徳的心情・道徳的実践意欲と態度で構成される道徳性を身につけることができるとされる。「考え、議論する」という機会は、行為の理由を主体的に検討するきっかけを作るだろう。

　しかし、日本の道徳教育において「発達」という観点はどれほど真剣に捉えられているだろうか。道徳教育に関する入門書の多くは、ピアジェやコールバーグといった（現代としては古典的な）発達心理学を紹介するものが多い。一方で、アリストテレス主義的徳倫理学に基づく発達理論は、心理学が示すような科学的・統計的に一般化されたものとは

異なるものである。アナスの発達観からは、徳の統一に向かって多様な発達の仕方や段階があること、また、徳の統一自体に多様なあり方があることを見出すことができる。こうした発達観は、一般的・没個性的な子どもではなく、目の前の子どもがまさに今どのような行為ができ、どのような発達段階にあるのかを教育者に理解することを求める。教育者は個々の子どもの生活がいかなるものであり、時に彼／彼女らがどんな人生を望んでいるかを適切に理解しなければならない。

　このように、アリストテレス主義的徳倫理学は我々に目の前の子どものための発達理論を提供してくれている。こうした発達観や子どもへの向き合い方は、現場の教育者にとっては馴染みやすい考え方であると言えよう。むろん心理学的な発達理論を否定しているわけではない。アリストテレス主義的徳倫理学は、目の前の子どもに向き合うことを重視し、かつ徳が個々人の生活や環境、文脈に依存することを指摘するが、このような発達観では心理学のような一般的な発達段階や発達過程を指し示すことはできない。

　しかし、アリストテレス主義的徳倫理学に基づく発達理論は、道徳教育に対して別の貢献ができる。徳の発達段階や発達過程は子どもに応じて多様であり、決して年齢的な成長によってその獲得が保証されているわけではない。そのため、たとえば道徳科を教える際には、22 の内容項目を子どもたちの人生に適切に結びつけ、自らの生活でそれらを実践させる意義を改めて示してくれるのである。

注
1　たとえば、江島（2016）、小寺（2016）、日本道徳教育学会全集編集委員会編（2021, 第 1 部、第 2 部）など参照。
2　この概念は、旧教育基本法においても第一条「教育の目的」の条文に登場しており、一貫して日本の教育の要として機能してきた。

（中西亮太）

第7章
部活動と徳

1．部活動という教育活動

（1）本章のねらい

　部活動は学校教育の活動でありながら、児童生徒が自主的、主体的に参加する活動である。中学校と高等学校では正規の教育カリキュラムに部活動が組み込まれているわけではない。部活動は重要な教育活動として認められながらも、学校教育に占める地位は時代の要請とともに変化してきた。本章では部活動の課題を明確にするとともにその課題を乗り越える視座を徳倫理学の観点から提供することを目的とする。第1節では部活動の変遷を概観する。第2節では部活動の内容を学習指導要領にもとづいて検討し、部活動と道徳教育を「個性の伸長」という視点で結びつける。第3節では部活動の問題として勝利至上主義の問題を批判しつつ、部活動を楽しむ姿勢を内在的価値という視点から提示する。第4節で徳倫理学の観点から、多様な構成員が所属するコミュニティーで実践を重ねることによって人間性を涵養する部活動のありかたを示す。

（2）部活動の変遷

　まず、部活動の変遷を、自由研究、教科外の活動、特別教育活動、特別活動との関係から概観する。昭和22年（1947年）の学習指導要領一般編（試案編）で「自由研究」が教科として位置づけられる。自由研究は、教科の発展としての自由な学習、クラブ組織による活動、当番の仕

事や学級委員としての活動の三点が内容として挙げられており、現在の特別活動に通じるものである。昭和26年（1951年）の学習指導要領の改訂において、自由研究の名称は消えて、小学校では「教科以外の活動」、中学校、高等学校では「特別教育活動」に名称が変更される。その後、昭和33年（1958年）告示の学習指導要領では、小学校、中学校、高等学校を通じて「特別教育活動」に統一される。さらに、小学校では昭和43年（1968年）、中学校では昭和44年（1968年）に特別教育活動は「特別活動」という名称に変更さる。高等学校では昭和45年（1970年）に特別教育活動から「各教科以外の教育活動」へと名称が変更され、1978年に「特別活動」という名称に変更される。

　次にクラブ活動と特別活動の関係に目を移そう。昭和43年（1968年）から昭和45年（1970年）の学習指導要領の改訂において、教育課程にクラブ活動が位置づけられる。小学校では4年生以上のクラブ必修化がスタートするとともに、中学校でも毎週適切な時間をクラブ活動に充てることが求められた。高等学校では全生徒がいずれかのクラブに所属する必修クラブが設置される。このことで生徒が自主的に活動していた課外クラブ（部活動）は放課後に実施されることとなり、必修クラブと部活動が学校教育において併存することとなる。平成元年（1989年）の学習指導要領の改訂において、特別活動は学級活動、クラブ活動、学校行事、生徒会活動の四領域で構成されることとなり、中学校と高等学校では、部活動への参加をもってクラブ活動の一部または全部の履修に替えることができるようになる。平成10年に総合的な学習の時間が新設されると、中学校と高等学校で必修としてのクラブ活動は廃止となる。課外活動としての部活動の位置づけは曖昧なままとなったが、平成30年（2018年）、部活動の持続可能な運営体制を整えることを目的としてスポーツ庁が「部活動の在り方に関する総合的なガイドライン」を策定し、運動部活動の地域移行の方針が示されることになった。令和5年（2023年）から、令和7年（2025年）までに運動部活動の地域移行がす

すめられている。

(3) 部活動の曖昧な位置づけと部活動の可能性

　部活動は児童生徒の自主性と主体性を重んじた活動として教育課程に組み込まれてきた。1970年代には必修クラブとして小学校から高等学校を通して実施されてきたが、中学校と高等学校では現在、課外活動としてのみ認められている。さらに、現在では運動部活動は地域移行の方針が示されている。教育課程の活動から教育課程外への活動、さらには学校外への活動へと部活動の位置づけは変化している。

　部活動は同じ趣味や関心を持った仲間が集まり、その学年を越えたコミュニティの実践を通してそれぞれの能力を伸し、人間的に成長していく営みである。そのために同学年の児童生徒が集まる教室で効率的に知識を伝授する通常の教育課程とは教育方法だけではなく、児童生徒が所属するコミュニティの性格も異なる。そのために部活動は教育課程で曖昧な位置づけになってきたと考えることもできる。

2．部活動と徳の涵養

(1) 部活動の目標

　前節で言及した昭和22年（1947年）の「自由研究」では、学年の区別を去って、同好のものが集まり、それぞれの興味関心にもとづいて個性を伸すことが教育目標であると示されている[1]。現行の学習指導要領において、特別活動は「人間関係形成」、「社会参画」、「自己実現」という三つの視点から整理されている（文部科学省2017l, pp. 21-22）。人間関係形成では、人間関係を自主的、実践的によりよいものとして形成する力が求められ、社会参画では、集団や社会に参画して様々な問題を主体的に解決しようとする態度が求められている。自己実現では、集団の

中で現在および将来の自己の生活の課題を発見し、よりよく改善する力が求められている。クラブ活動の教育目標にも自由研究において言及されていた「個性の伸長」という言葉はそのまま残っている（文部科学省 2017b, p. 186）。

中学校と高等学校では平成元年度以降クラブ活動の表記がなくなったが、学校運営の留意事項のなかで「教育課程外の活動」として「生徒の自主的、自発的な参加により行われる部活動については、スポーツや文化、科学等に親しませ、学習意欲の向上や責任感、連帯感の涵養等、学校教育が目指す資質・能力の育成に資するものであり、学校教育の一環として、教育課程との関連が図られるよう留意する」（文部科学省 2017e, p. 27）ことが求められている。

(2) 部活動と道徳教育―個性の伸長という視座

自由研究から特別活動に至るまで部活動の目標として示されている「個性の伸長」は、道徳教育においても内容項目に組み込まれている（文部科学省 2017d, p. 15）。小学校においては、「自分の特徴に気付くこと」〔第1学年及び第2学年〕、「自分の特徴に気付き，長所を伸ばすこと」〔第3学年及び第4学年〕、「自分の特徴を知って，短所を改め長所を伸ばすこと」〔第5学年及び第6学年〕というかたちで個性の伸長は規定されている（文部科学省 2017d, p. 34）。「個性」は他人によって評価されるものと理解されがちである[2]。確かに私たちは、家族や友人に指摘されることで、自分の長所や短所に気づくことがある。家族や友人の助言に耳を傾ける誠実さも大切であろう。さらに、家族や友人の励ましにより、個性を伸す活力が湧いてくるかもしれない。しかし、個性は長所も短所も含めて私たちのかけがえのない独自性のことである。中学校の道徳教育では個性の伸長が「短所も自分の特徴の一側面であることを踏まえつつ、かけがえのない自己を肯定的に捉え（自己受容）させるとともに、自己の優れている面などの発見に努め（自己理解）させるこ

とが大切である」（文部科学省 2017g, p. 31）と説明されるとともに、「自己との対話を深めつつ、自分自身のよさを伸していくようにすることが大切である」（文部科学省 2017g, p. 31）と示されている。個性の伸張は他人の評価を気にかけるだけではなく、自分の性格や能力について自問自答しながら信頼できる仲間との交流のなかで実現する。

部活動はこの道徳教育で言われる個性を伸張するための教育実践として位置づけることができる。昭和 22 年の自由研究においてクラブ活動は「児童や青年の自発的な活動のなされる余裕の時間として、個性の伸長に資し、教科の時間内では伸ばしがたい活動」[3] と位置づけられており、現在の特別活動においても「異年齢の児童同士で協力し，共通の興味・関心を追求する集団活動の計画を立てて運営することに自主的，実践的に取り組むことを通して，個性の伸長」（文部科学省 2017b, p. 186）を図りながら「人間関係形成」、「社会参画」、「自己実現」という目標を達成することが求められている。

部活動は特定のコミュニティに所属して人間関係を構築しながら、子どもが自らの能力を開花させ伸していく実践である。部活動においては、個性の伸長のみならず、希望と勇気、礼儀、友情と信頼、公徳心、感動と生命の畏敬といった徳目を育むことが期待されている（文部科学省 2017g, pp. 104, 165）。しかし部活動が徳の涵養と結びつくためには、部活動というコミュニティが十全に機能していることが必要である。

3．部活動の課題

(1) 勝利至上主義の陥穽

部活動というコミュニティの特徴は、①学年の異なるメンバーが所属する集団であるということ、②子どもが自主的に部活動の集団に所属すること、③共通の趣味・関心を追求する集団であると、という三つに整

理することができる。①の多様な構成メンバーに関しては、発表会や競技大会を通して他地域や他校と交流することも含まれる。むしろ部活動はそれぞれの活動分野に応じて全国的に組織化されている場合が多く、発表会や競技大会を通して交流を図っており、人間関係の形成と社会参画の契機となる。②の主体性は学校教育に制度的に組み込まれる正規の教育課程の学習とは異なり、主体的に自己実現をなしとげる契機となる。③の共通の趣味や関心の追求は、単なる知識の習得ではなく主体的に選択した部活動という実践を通した自己実現をなしとげる契機となる。

　コミュニティが充分に機能している場合は、部活動は子どもの個性を伸す実践として効果を発揮する。しかし、コミュニティが充分に機能していない場合は、子どもたちの個性を伸すどころか、成長に大きな弊害をもたらす。とりわけ運動部活動の体罰の問題や部活動におけるいじめの問題はメディアで現在も広く報道されている[4]。

　部活動におけるコミュニティが機能不全に陥っている背景として勝利至上主義を指摘することができる[5]。勝利至上主義は競技や発表会において勝利を唯一の目的とする考え方である。とりわけスポーツにおいては、この勝利至上主義が体罰の要因として批判されてきた（体育原理専門分科会編 1992；近藤 2012）。勝利至上主義がコミュニティに浸透すると、年長者や高い技能をもつメンバーが大きな力を持つことになり、コミュニティの特徴のうち、①に関して年齢や能力による序列化がおこる。年齢や能力が低いメンバーは「自主的に」コミュニティから離脱することができると考えがちだが、実際には序列化のなかで部活動の周辺的な立場に固定化されることになる。そうすると②の特長である「自主性」は無効化され、コミュニティへの帰属が強制されることになる。さらに③の共通の趣味や関心は、コンテストや競技の勝敗という一点に収斂してしまう。勝利至上主義はコミュニティが十全に機能している場合には問題はないが、勝利至上主義にもとづいてコミュニティを形成する

と、能力主義による序列化と序列化・固定化された役割の強制により勝敗のみを目的とするコミュニティへと変質してしまうのである。

(2) 勝利至上主義を越えて

　勝利至上主義を分析、批判する視点として内在的価値と外在的価値の区別を用いることは有効である（近藤 2012, pp. 24-25）。内在的価値とはある事象が本質的に持つ価値であるのに対して、外在的価値とは目的－手段関係において有益であることを意味する。スポーツを例にとると、スポーツの内在的価値は達成感や爽快感、満足感であり、外在的価値は健康、体力、金銭、名声である（近藤 2012, pp. 15-16）。勝利は達成感にも含まれるが、勝利のみを求める勝利至上主義は商業主義や国威発揚のナショナリズムとともに、スポーツを手段とした外在的価値にしか価値を認めていないことになる。

　私たちが、部活動のコミュニティを十全に機能するものとして形成するためには、その活動の内在的価値を追求する方向で指導していく必要がある。文部科学省は保健体育の目標を「生涯にわたって継続して運動に親しむ態度を養う」（文部科学省 2017h, p. 31）と位置づけており、音楽では「生活や社会の中の音や音楽，音楽文化と豊かに関わる資質・能力を育成することを目指す」（文部科学省 2017i, p. 9）ことを目標として掲げている。文部科学省は学習指導要領の総則において、知・徳・体にわたる生きる力を育むために、専門領域における専門的な知識や価値を追求して、学びを人生や社会に生かそうとする「学びに向かう力・人間性等」の涵養を目指すことを教育の目標として規定している[6]。この目標を実現させるためには、学校教育において知識や技術の習得を目標とした教育実践に目を向けるだけではなく、児童生徒が学校生活の枠組みを超えて、それぞれが身につけた知識を活用して充実した人生を送る技法を習得することも視野に入れなくてはならない。

4．部活動への徳倫理学的アプローチ

　部活動を充実したものにするためには、スポーツや芸術の実践を通してその内在的価値を追求するコミュニティを目指す必要がある。多様な構成メンバーとともに活動していくコミュニティが充分に機能することではじめて、人間性の涵養が図られるのである。

　イギリスの哲学者アラスデア・マッキンタイアは、近代以降進展してきた啓蒙主義のプロジェクトが、効率性の名のもとに私たちの人間性と社会的活動を分節化・分断化してきた事態を批判的に指摘しながら、徳倫理学の観点から私たちの人生と社会生活に統一性をもたらすことを試みる。彼は徳を「獲得された人間の性質であり、その所有と行使によって、私たちは実践に内的な諸善を達成することができるようになる」（MacIntyre 1984, 邦訳 p. 234）ものと規定する。徳の所有と行使を涵養する営みが社会的実践である。マッキンタイアは勝てばお小遣いをあげるという約束でチェスを始める子どもたちも、やがてはチェス自体の面白さに気づき、チェスを楽しむこと自体を目的にしてチェスを続けるようになるという事例を挙げて社会的実践の重要性について説明する（MacIntyre 1984, 邦訳 pp. 231-232）。勝敗やそれによって生じる金銭の獲得などは、外在的価値しかもたない。金銭の獲得を目的のするのであれば、チェスよりももっとお金をもらえるゲームや活動の方に関心が向くであろうし、勝敗だけを追求するのであれば、自分が勝つ可能性の高いゲームを選択したり、ルール違反をしてでも勝利を獲得しようとするであろう。それに対して、内在的な善はチェスという実践を通してしか獲得できない価値である。それはチェスのゲームとして戦略の面白さやチェスというゲームが積み重ねてきた歴史に参与する喜びである。

　社会的実践のマッキンタイアの分析はコミュニティの機能と指導者の役割に重要な示唆を与えてくれる。彼は内在的価値を追求する社会的実

践を維持するためには、誠実さ、正義、勇気等の徳を備えていなくてはならないと述べる（MacIntyre 1984, 邦訳 p. 236）。私たちは実践に参与するメンバーと誠実に向き合い、お互いを公平に扱うように心がけ、不正を指摘する勇気や勝敗を甘んじて受入れる勇気を持たなくてはならない。コミュニティの指導者はとりわけ誠実さと正義、勇気という徳を配慮しなくてはならないであろう。誠実さと正義、勇気という徳が発揮されてはじめて、内在的な善を追求するコミュニティの実践が可能となるのである。

　社会的実践を通して私たちの人生は充実する。私たちはスポーツや芸術の実践を通して自分の才能を開花・発揮して継続的にその実践に関わることができるかもしれない。スポーツ選手や芸術家はまさにそのような存在である。しかしスポーツ選手や芸術家として人生を送る人はまれであることも私たちはよく知っている。スポーツ選手や芸術家になることができばければスポーツや芸術の実践に参加することは無意味かといえばそうではない。スポーツ選手や芸術家になることのみを目指すこともまた、自らの存在を社会的な制度として承認させるという外在的価値を追求しているにすぎないからである。私たちがスポーツや芸術の実践に参加したことで得た喜びや身につけた態度は、私たちの人生に大きな意味を与えてくれる。マッキンタイアは私たちの人生を物語（narrative）と捉え、「私たちがこの物語の主人公としてよき人生を歩むとはどういうことか」と問うことを通して自己に統一感を持たせようとする（MacIntyre 1984, 邦訳 p. 268）。私たちがスポーツや芸術の実践に参加したエピソードを自らの物語に位置づけることで、「スポーツ選手の人生」や「芸術家としての人生」ではなく「私の人生」という物語を紡ぐことが可能となるのである。

　競技やコンテストの勝敗が「人生の終わり」ではない。スポーツや芸術の「第一線」から退いても私たちの人生が終わるわけではない。勝利至上主義を基盤とした部活動は、ともするとこの単純な事実さえも見失

わせてしまう。生涯を通してスポーツや芸術に親しむという文部科学省の目標は、スポーツや芸術を通してその内在的価値にふれ、自らの人生に位置づける態度を通してはじめて実現される。

　物語の主人公としての自己に統一感を与えるマッキンタイアの徳倫理学的なアプローチは、多様な構成員が所属するコミュニティで人間性を涵養する部活動の目標に合致する。徳倫理学の知見から部活動のコミュニティの構造を検証していくことが部活動の充実に繋がるのである。

注

1　学習指導要領　一般編－試案－（抄）（昭和二十二年三月二十日）
　　文部科学省 HP
　　https://www.mext.go.jp/b_menu/hakusho/html/others/detail/1318000.htm
2　友人との親密圏の関係を重視するとともに、公共圏での人間関係が希薄化する現象を指摘しつつ、他者と協調しながら「私らしさ」を求めようとする現代の子どもを分析した教育社会学者土井義隆の一連の研究（土井義隆 2004；2009；2014）を参照のこと。
3　文部科学省 HP 学習指導要領　一般編－試案－（抄）
4　スポーツ界の「暴力行為根絶宣言」採択から 10 年が経過したなかで改めて暴力について問う記事としては下記を参照。
　　「暴力根絶、スポーツ界道半ば　だれもが「見て見ぬふり」、容認の空気今も」朝日新聞（2023 年 5 月 5 日朝刊）
5　勝利至上主義は明確に定義されずに否定的に使われることが多いが、「勝敗」というスポーツ自体が持つ本質的な価値を追求してこそ、スポーツは意味を持つという考え方は以前から教育学者や哲学者から挙がっている。本章では、「スポーツ」だけではなく文系の部活動も含めて論じているため、この問題には深く立ち入らない。なお、勝利至上主義を肯定的に捉えた書籍としては川谷（2005）および関（2015）を参照。
6　文部科学省（2017b）を参照のこと。小学校だけではなく、中学校・高等学校も同様の記述が見られる。

（上村　崇）

第8章
教師の／と徳

　人は何を備えると「教師」と言われるのであろうか。この質問には多くの答えがありうるだろう。それは多くのものを教師は身につけなければならないということだ。この「教師が身につけるべきもの」は国内では教師の「資質能力」として語られている。その中には倫理的な特性も含まれている。教師としての使命感や責任、生徒への思いやりといった徳に関わる項目である。

　本章では、教師の倫理的特性／徳について、「資質能力」という教育界の用語を手がかりに考えていきたい。

1．教師に求められるもの

　「教師に第一に求められるものは何か？」と聞かれたら、人は何と答えるだろうか。専門的な知識の豊富さ、教育手法の諸説に通じ、授業研究に熱心に取り組むこと…このような専門的な知識や技能を答える人もいるかもしれない。しかし、多くの人は、子どもへの（教育的な）愛情があり、親切で親しみやすさがあるといった性格的な特性を挙げるだろう。保護者の意識調査によれば「学校の先生が授業以外にやるべきこと」に関して、「集団生活を通じて他人への思いやりの心を育てること」の項目を 75.2％が肯定的に答え、第1位である[1]。この種の道徳性を教育することを求められている教師に対して、その教師自身もまた倫理的な特性が求められることは想像に難くない。実際、教師自身も自らの職業に倫理観が必要だと考えている。ある調査（2014年）では、「高い倫理観が強く求められる仕事だ」に対して、小中学校の教員は「強くそう

思う」「ややそう思う」という回答が9割を超えている（久富2018, p. 163）。

　制度的にはどうであろうか。現場の教員にとっては身近な「服務規程」の中に倫理に関わる項目がある。たとえば「東京都立学校職員服務規程」では、セクシャル・ハラスメントやパワー・ハラスメント、妊娠出産等に関するハラスメント、および、障害を理由とする差別の禁止が明記されている（第八条）[2]。現在の教員の懲戒による免職の多くは、性犯罪・性暴力等に関わる理由である（「令和2年度公立学校教職員の人事行政状況調査」によれば、免職者170名のうち113名が性犯罪・性暴力等の理由である（文部科学省2022））。性犯罪・性暴力による免職者のうち、児童生徒等に対するものは約80％にのぼる。教師は学校で強い権威と権力を子どもたちに対してもっており、教室や学校は、他の大人の目が入りにくい。結果として教師には自らを律する倫理が、通常の大人以上に求められる[3]。

　もちろん、違法行為や差別、ハラスメントをしないということは通常の市民ももつべき倫理的規範だ。だとすると、教師には他に（通常の市民以上に）どのような倫理的特性が求められているのだろうか。

　教員採用の場面でよく目にするのが、各都道府県や政令指定都市等の教育委員会が作成した「求める教師像」（「求められる教師像」）という文章だ。平成30年度実施の教員採用のための資料を基にした全国調査によれば、それらに挙げられている要素は5つのカテゴリーに分類される（津村2019）。それは、「使命感、教育的愛情」、「教養、専門知識と技能、実践的指導力」、「人間性、社会性、コミュニケーション能力」、「これからを担う教員の資質能力（学び続ける教師、情報活用力、課題解決力、組織力）」、「その他（他のカテゴリーに入らないもの）」の5つである。最初の「使命感、教育的愛情」は「…ほぼ全ての地方自治体が「求める教師像」として掲げている」（津村2019, p. 55）。また、三つ目のカテゴリーの中には、「豊かな人間性」、「協調性」といった語が登場

（津村 2019, p. 56）し、「その他」の中には、「明朗」、「快活」、「謙虚さ」といった文言が見られる（津村 2019, p. 58）。

　教員採用の場面は、ある意味では、教師の理想像が描かれる。その理想像の中には「教師の徳」と思われる概念が登場し、それは「使命感」や「教育的愛情」、「豊かな人間性」といった徳として概念化されている。

　次の節では、この教師の徳がどのような文脈の中で語られ、精緻化されてきたのかを「資質能力」という概念を手がかりに考えていきたい。

2．教師の徳と資質能力

　「教師の資質能力」という言葉はあまり聞きなれない言葉かもしれないが、子どもたち、生徒たちに関わる中黒つきの「資質・能力」なら聞いたことがある人が多いのではないだろうか。というのも、これは直近の学習指導要領のキーワードであるからだ[4]。「資質・能力」は、教育や学校をめぐる言説の中で頻繁に使用され、公的な機関が権威づけた言葉の一つである。そして、その中には「人間性」という道徳や倫理と関わる要素が含まれている。

　「資質」や「能力」という言葉は、教師教育や教師育成にとってもキーワードである[5]。たとえば、平成27年の中央教育審議会答申は「これからの学校教育を担う教員の資質能力の向上について」と題され、その中には、「新たな知識や技術の活用により社会の進歩や変化のスピードが速まる中、教員の資質能力向上は我が国の最重要課題…」や「教育の直接の担い手である教員の資質能力を向上させることが最も重要である」といった文言が見られる（中央教育審議会 2015, p. 2）。また、教師教育に関して教育学者の佐藤学は批判的に「日本の教師教育政策は「資質向上」という名称が示すように、伝統的な「資質（trait）アプローチ」によって議論されて」いるが、「現代社会にふさわしい「知識

（knowledge）アプローチ」へのパラダイム転換によって政策決定を行わなければならない」と述べる（佐藤 2015, p. 6）。少なくとも国内で教師に必要とされるものが、資質能力の形で概念化・焦点化されてきたことは間違いないであろう。

では、具体的にはどのような資質能力が教師には求められてきたのだろうか。それは、先に「求める教師像」で見た「使命感」や「教育的愛情」等である。平成 27 年答申には、「教員が備えるべき資質能力については、例えば使命感や責任感、教育的愛情、教科や教職に関する専門的知識、実践的指導力、総合的人間力、コミュニケーション能力等……これら教員として不易の資質能力…」とある（p. 9【強調は引用者による】）」。

これらの資質能力は、教員採用だけでなく、採用後の研修にも活用される。たとえば、東京都の「求められる教師像」は、「東京都人材育成基本方針」を基につくられ、始めから人材育成のためのものである（東京都教育委員会 2015）。また、「さいたま市教員等資質向上指標」（下図：図の下部は省略）では、キャリアステージごとに「教職に必要な素養」や「学習指導」「生徒指導」等の能力を分類整理している。その中の「土台となる資質」には、「教育的愛情」、「学び続けようとする」、「人権意識」、「円滑なコミュニケーション」等が挙げられている[6]。一覧左には「求める教師像」も併記されている。

つまり、現在の日本の教育のキーワードである「資質」や「能力」は、児童生徒だけでなく、教師教育や教師の研修にも適用され、「教師の徳」もそのサブカテゴリーとして理解されている。そこには、使命感や人間性に加え、愛情（深さ）や協調性、明朗快活さ等が含まれているのである。

今の自分 と 未来の自分 と	さいたま市教員等資質向上指標（キャリアnavi）【教諭・主幹教諭】			
キャリアステージ	採用時	キャリア段階Ⅰ 基礎形成期（1年～5年）	キャリア段階Ⅱ 伸長期（6年～15年）	キャリア段階Ⅲ 充実期（16年～）
求められる資質	教育に対する知見を深め、基盤を形成する。	組織の一員として教育活動を展開し、教員としての基礎・基本を身に付ける。	組織運営に参画したり実践的な専門性を高めたりする。	組織運営を推進したり、模範となる実践を展開したりする。
さいたま市が求める教師像…「豊かな人間性と社会性」強い使命感と教育への情熱 / 教職に必要な素養 / 土台となる資質	新しい時代における教育の意義や役割の理解、法令を遵守することおよび教育的愛情をもって教育活動を展開することの重要性を理解している。	・「令和の日本型学校教育」を踏まえた新しい時代における教育、学校及び教職の意義や社会的役割・服務等を自覚するとともに、常に学び続けようとしている。 ・自らの働き方を振り返り、日々の生活の質や教員人生を豊かにしている。 ・教育的愛情や人権意識をもち、円滑なコミュニケーションにより、良好な人間関係を構築している。		
学校運営	学校組織や校務分掌を理解している。	学校教育目標を踏まえた学級経営方針を明確にするとともに、組織の一員として役割を自覚し、他の教職員と協働して教育活動を展開している。	学年主任や教科主任、分掌主任として、自身や学校の強み・弱みを理解し、他の教職員との協力や協働を通じて学校運営を推進・改善している。	自身や学校の強み・弱みを理解し、他の教職員や関係機関と、業務改善を意識した環境づくりを支援するなど、学校運営の推進・改善に向けた指導的役割を担っている。
危機管理	危機管理の重要性、危機発生等の迅速な行動について理解している。	他の教職員からの指導・助言を受けながら、危機の未然防止、迅速な対応を行っている。	他の教職員と連携し、危機の未然防止、迅速な対応を行っている。	危機の未然防止、迅速な対応、再発防止を組織的に推進するとともに、指導的役割を担っている。
連携・協働	家庭、地域との連携の重要性を理解している。	「地域とともにある学校づくり」を理解し、校内外の関係者と積極的に関わり、連携・協働している。	「地域とともにある学校づくり」を目指し、校内外の関係者と積極的に関わり、連携・協働している。	「地域とともにある学校づくり」を推進し、校内外の関係者と連携・協働した活動を企画・立案することができる。
学習指導 / 授業力	学習者主体の学びを展開するために、必要となる基礎的なスキルを獲得している。	児童生徒の実態を踏まえ、効果的にICTを活用して「主体的・対話的で深い学び」の視点から授業改善を行うなど、学習者主体の学びを展開している。	学校が目指す児童生徒像を踏まえ、効果的にICTを活用して「主体的・対話的で深い学び」の実現に向けた授業改善を行うなど、学習者主体の学びを展開している。	学校が目指す児童生徒像を踏まえ、効果的にICTを活用して「主体的・対話的で深い学び」の実現に向けた授業改善を行うなど、学習者主体の学びを展開するとともに、指導的役割を担っている。
授業デザイン	授業設計・実践・評価・改善等の意義を理解している。	児童生徒の興味・関心を引き出す教材研究や、他の教師と協働した授業研究などを行いながら、授業設計・実践・評価・改善等を行っている。	児童生徒の実態に応じた授業設計・実践・評価・改善を推進するとともに、教科等横断的な視点や、人的・物的な体制を確保するなど、教育課程を改善している。	効果的な授業設計・実践・評価・改善等について後進を育成するとともに、学校が目指す児童生徒像を踏まえた教育課程の編成、実施及び改善にあたり、指導的な役割を担っている。
各教科等の専門性	各教科等の授業展開に必要となる基礎的な知識を獲得している。	各教科の特質に応じ、資質・能力をはぐくむために必要となる専門的知識を身に付けている。	各教科の特質に応じた資質・能力をはぐくむために必要となる専門性を向上させている。	各教科の特質に応じた資質・能力をはぐくむために必要となる専門性を高め、後進の指導に役立てている。

3．教師の徳と教員評価

　このような資質能力のリスト化は、「指標化」や「スタンダード化」と呼ばれる一連の教育政策の傾向を反映している。この背景には、法律の改正と中教審の答申がある。影響が大きいのは、平成18年（2006年）の教育基本法改正であろう。改正された教育基本法第17条の中では「教育振興基本計画」の作成が努力義務として課されている。また、子安によれば「……「教育公務員特例法等の一部を改正する法律」の成立によって教員研修計画の策定が義務付けられた影響……これらと中教審の教員に関連する答申が、教員指標の策定と利用の仕方を規定している

……」とされる（子安 2017, p. 42）。2012 年「教職生活の全体を通じた教員の資質能力の総合的な向上方策について（答申）」では、「教員評価によって教員の処遇に格差をつける」給与システムの検討が答申されている（子安 2017, p. 38）。

つまり、様々な教師の資質能力の明確化に加え、リスト化や指標化自体が、実行された当初から、教員に対する「評価」を目的としたものだったのである。このことは、教師の資質能力の内容や中身を強く規定してきたと考えられる。

近年、教員への人事評価は広く実施され、早いところでは平成 15 年から、遅くとも平成 28 年には、都道府県、政令指定都市 67 のすべてで実施されている（文部科学省 2021）。人事評価が昇給や降給に影響するのは、67 都道府県市のうち、59 県市にのぼる（文部科学省 2023）。平成 30（2018）年の同調査では 44 県市、平成 28（2017）年調査では 25 県市、平成 27（2016）年は 18 県市であることから、年を経るごとに徐々に数が増えていることが分かる。このことは、2012 年の段階で頼が述べる「……全国的には公務員制度・評価制度の改革の定着過程を慎重に観察しながら資質向上に留まらないで、「人事管理」と一本化して進められる傾向にあると思われる」という考えを裏付けているように思われる（頼 2012, p. 211）。

これらから示唆されることは、教師の倫理的特性（教師の徳や性格特性）等も含む、詳細にリスト化された教師の資質能力は、それを明確化することで教師自身が自らの教師としての力量を高め、自らの倫理観を向上させるための指針とするという目的以上に、学校ないし教育委員会が、それを基に教師への評価を通して人事管理を行うという目的を強くもっているということである。

4．教師と徳

「よい」動機で愚かな行為をする不徳な教師がいるように「よかれと思って」だけでは教師の行為はよいものにはならないし、逆に、結果オーライというわけでもない。教師にとってのよい行為は多様であり、だからこそ、教師の徳や有徳な教師について我々は考えなければならない。もちろん、「教師の徳」ないし教師の倫理的特性に関する議論が社会情勢や時代の要請に強く規定されること自体は避けがたい[7]。前節までで明らかになったように、現在は、教師の徳は、「資質能力」に包摂され、人事管理の目的と背景のもとに強く拘束されている。この現状を意識しながら、教師は徳とどのようにつきあっていけばよいのだろうか。

注意すべきことの一つは、人事管理や人事評価の対象になりにくい徳、あるいは、徳のあり方にも注目しなければならないという点だ。人事管理や人事評価では、達成や結果が見て分かりやすい徳やその発揮の形態が重視されることになる。たとえば、評価的観点からは、生徒児童の意見を聞きながら学習機会をフレキシブルに調整していく教師よりも、一定の基準に従って杓子定規に授業を行う教師の方が有徳であると見なされるかもしれない。前者には、好奇心や創造性、親切さといった徳が、後者には、真面目さや公平性といった徳が認められる[8]。にも関わらず見て分かりやすいという単純な理由によって後者の方が、より有徳で能力の高い「優秀な」教師として評価される可能性がある。徳が人事管理や人事評価の対象になることによって、特定の、見て分かりやすい徳やその発揮の仕方だけが評価される危険がある。

ジュビリーセンターでは、徳を、知的徳、道徳、市民的徳、パフォーマンス徳（Intellectual, Moral, Civic, Performance）の大きく四つのカテゴリーに分類している。ピーターソンらは、教師教育の担い手に関する調査を基に、パフォーマンス徳に焦点を当て過ぎることは「服装やふる

まいといった専門的な実践の表面的な部分を重視し、良い教育を行うために必要とされる個人的徳へのより深い反省を犠牲にする」ことになると述べている（Peterson & Arthur 2020, p. 81）。パフォーマンス徳とは、信頼や決定、リーダシップやチームワーク等を指し、知的徳や道徳、市民的徳に対する道具的な価値を持つ性格特性と規定されている（The Jubilee Centre 2022, p. 9）。このことを鑑みるなら、教師が徳と付き合っていく際に、その対象を見誤らないように努めることは重要であろう。

　二つ目は、教師の徳を過剰に個人主義化しないことである。人事管理という目的の下で析出された教師の徳は、それが評価と結びつくがゆえに、教師個人のものとしてのみ理解されがちである。しかし、本来の「能力」は（多様な使い方があるものの）集団やグループがもつ特性としても理解できる。「今回の日本代表は強い」といった表現は、日本代表がチームとして一定の能力を有していることを意味している。同じように、学校全体に対して「〇〇学校は指導力が高い」や「××学校は面倒見が良い」といった表現が使われることもある。学年の担任団、あるいは科目間での連携やカウンセラー等の教員以外の職種の人々の必要性が指摘されるのも、集団やグループとして力を発揮すべき場面が教育の現場には多いことの証左であろう。本来の「能力」や「力」といった概念の使い方を鑑みれば、それらが集団にも帰することは自然なことである。にも関わらず、「資質」という言葉や、人事管理や人事評価が焦点化されることで、集団の倫理的特性や環境が無視されてしまう。「集団の徳」が概念的に可能かという哲学的な論点はいったん脇におくとしても、各々がもつ徳を発揮しやすくなる環境づくりは極めて重要であり、教師の徳について考える際に見逃してはいけない観点である。

　加えて、教師の徳は「他者」と独特の仕方で関係しているように思われる。それは、教師の徳が、教育の対象者との関係の中で定義されるという特徴である。標準的な徳の理解によれば、徳はそれをもつ人の幸せ

（開花繁栄）と関わっている。それに対して、教師の徳があるとすれば、それは教師個人の幸せだけではなく、他者の幸せ、特に教育の対象者の幸せとの関係で理解されるべきものであろう[9]。

　この教師の徳が関わる幸せは、部分的なものではなく、その児童生徒の人生全体、言ってみれば、その人そのものに向けられなければならない。この点は、有徳な医師や看護師が、患者個人の健康や生活の質（という仕方の幸せ）を考慮すべきだとしても、人生全体の幸せへの考慮が必要とされない（あるいは、すべきではない）ように思えることと対照的である。様々な専門性や立場から児童生徒を総合的に判断することの重要性は、このことの反映である。その意味で、教師の徳が教育の対象者の幸せと関わるあり方は、親のそれに近く、教師の徳には、文字通り、他者の開花繁栄（幸せ）が構成的に含まれていることになる。

　とはいえ、教師は親とは違い、多数の教育対象者に学校という限定された場所で同僚たちとともに向き合う必要がある。言い換えるならば、教師も児童生徒も集団として組織化されている。このことは教師のよい行為のあり方を多様化し、教師の徳の評価や帰属のあり方を複雑化することになる。

　このような状況において求められるのは、教師の徳のあり方を精査、特定し、それを教師自身、ないし、人事管理のために評価しようとする際の慎重さである。教師の徳をどのように扱っていくべきかには様々な意見があり得るだろう。たとえば、教師の徳やその評価は人事管理ではなく、もっぱら自己研鑽のための使用に限定するという可能性や、逆に積極的に人事管理に用いることで教師の専門性やその評価自体の変革を促していくという方向性が考えられるだろう。しかし、どのような選択をするにせよ、教師の徳に関して過度の単純化を避けることがまずは必要とされる。

　本章では、教師の徳について資質能力の概念をヒントに国内の現状を

概観し、それがもたらす徳の概念把握の方向性（偏り）を指摘した。その上で教師の徳との付き合い方についていくつかの注意をうながした。教師について徳の観点から考えることは、すでにそれらが広く意識され制度化されていることを鑑みれば、今後より重要なものになるだろう。それは、すでに制度内にいる教員の立場から、自らのあり方をよりよいものにし、ひいては教育全体をよりよいものにするために必要とされるというだけでない。教師と共に過ごす児童生徒や保護者といった立場からも精査されるべき事柄である。教師について徳の観点から考えることは、教育に関わるすべての人々に関係する問題なのである。

注

1 株式会社リクルートマネジメントソリューションズ平成18年度文部科学省委嘱調査『「教員意識調査」「保護者意識調査」報告書』、平成19年2月（https://www.mext.go.jp/a_menu/shotou/kyuyo/07061801/002.pdf）

2 「東京都立学校職員服務規程」https://www.kyoiku.metro.tokyo.lg.jp/static/reiki_int/reiki_honbun/g170RG00001944.html#e000000206

3 たとえば、米国の National Education Association（NEA）の倫理綱領（Code of Ethics for Educators）には、教師の「最高度の倫理的基準に従う責任」が言及されている。https://www.nea.org/resource-library/code-ethics-educators

4 たとえば、文部科学省「学習指導要領「生きる力」」https://www.mext.go.jp/a_menu/shotou/new-cs/1383986.htm#section4

5 周知のように、ここでの「資質能力」は OECD の「キー・コンピテンシー」に関連している（Organisation for Economic Co-operation and Development 2005）。

6 「さいたま市教員資質向上指標（キャリア navi）【教諭・主幹教諭】」https://www.saitama-city.ed.jp/kenshu/career-navi.html

7 たとえば、先に挙げた NEA の初期（1940年代の）の倫理綱領は一貫して「デモクラシーの根本原則」が大本にあると、木下は指摘している（木下 1953, p.133）。また、伊津野は明治期における教職倫理のあり方について、天皇への忠誠心を核に議論されている様子を描いている（伊津野 1970）。

8 この例は、ディレンマを用いた調査の質問項目を参照している（Peterson & Arthur 2020, p.86（Appendix Two））。

9 クレメンテは特に教師のもつ知的徳に関してこのことを主張している（Clemente 2022）。しかし、ここでは教師の徳全般に関わる特徴として拡張して考えてみたい。

（村瀬智之）

第9章
学校保健と徳

　本章では、養護教諭の活動や保健室という場を中心にして、学校教育における〈健康と徳〉について考察する。本書第1章に登場した古代ギリシアの哲学者アリストテレスは、健康を幸福に必要な徳の一つに数えている。アリストテレスにとって幸福とは徳に基づく魂の活動であるが、それは健康という身体の善によって可能になるからである（アリストテレス 2015, pp. 69-70）。では、現代の学校生活において子どもたちが健康という徳や幸福を実現するには何が重要だろうか。本章はその一つの鍵を養護教諭の〈ケア〉という徳に見出し、考察してみたい。

　養護教諭の職務は多岐にわたり、また保健室は「問題を抱えた」子どもたちの逃げ場や居場所ともなってきた。本章が目指すのは、養護教諭の多様な活動の一端をケアという切り口から捉え直すことで、教員や養護教諭、またそれらを志す人が、学校教育におけるケアを考えるための視点やヒントを提示することである。

1．現代における健康と幸福：
SDGs とケイパビリティ

　まず、現代の社会や学校生活において健康と幸福はどのような関係にあるだろうか。ここでは二つの議論を手がかりにしてみよう。

　一つは、近年話題となっている SDGs（持続可能な開発目標）である。SDGs は、2030 年までの達成を目指した大きく 17 の目標と、より具体的な到達点を示した 169 のターゲットを掲げている。その目標 3 は「すべての人に健康と福祉を」であり、そのターゲット 3.4 では「精神

の健康と福祉を推進する」とされている（The United Nations 2015, p. 16）。ここで「福祉」と訳されるのは"well-being"である。カタカナで「ウェルビーイング」と目にすることも多いが、「幸福」とも訳され、よい状態やありようを意味する言葉である。また、2015年にSDGsを国連決議した、通称「2030アジェンダ」の宣言7では、「ヘルスケアと社会的保護への公平かつ普遍的なアクセスのある世界」というビジョンが描かれ、そこでは「身体的・精神的・社会的福祉が保証される」ことが謳われている（The United Nations 2015, p. 3）[1]。これらから、SDGsにおいて健康で幸福であることは、身体にとどまらず精神的および社会的な側面をもつものとして捉えられていることがわかる。

　もう一つは、現代のアリストテレス派の哲学者マーサ・C・ヌスバウムが経済学者アマルティア・センとともに提唱する「ケイパビリティ・アプローチ」である。ケイパビリティとは、栄養が十分な状態とか望んだ場所に行けるといった「機能」が組み合わさった、人間の達成可能な「自由」を表す概念であり、人間の福祉・幸福や生活の幅・豊かさを捉えるための尺度である。ヌスバウムは、そうしたケイパビリティのなかでも中心的なものを10のリスト（生命、身体の健康、身体の不可侵性、感覚・想像力・思考、感情、実践理性、協力関係、他の種（との共生）、遊び、自らの環境のコントロール）にまとめて提示している。

　ヌスバウムによれば、これらのケイパビリティは複雑な仕方で互いに関連するほか、その達成は個人の内的能力だけでなく行使に適した外的条件が結びつくことで可能となる。たとえば、女性の性と生殖に関する健康（リプロダクティブ・ヘルス）のケイパビリティは、性的暴力の恐れのない身体の不可侵性や、自らの人生計画を批判的に省察する実践理性と関連する。また、再婚禁止の制約がある社会では、夫を亡くした若年女性が性に関して意思表明するケイパビリティが妨げられることがある（Nussbaum 2000, 邦訳 pp. 83-102）。やや抽象的で大きな話になったが、確認したかったのは、健康と幸福が、〈心・身体・環境・人間関

係・社会〉といった要素が連続的に絡み合って成り立つことである。

　同様の認識は、文部科学省がまとめた「現代的健康課題を抱える子供たちへの支援」において、健康を心身の問題として捉えた上で、「身体的な不調の背景には、いじめ、児童虐待、不登校、貧困などの問題が関わっていることもある」と述べられる点にも読み取れる。しかし他方で、「児童生徒が生涯にわたって健康な生活を送るために必要な力を育成する」と述べられるように、そこでは健康が子どもの身につけるべき内的能力として主に捉えられ、その支援と育成が養護教諭に期待されている（文部科学省 2017a, p. 1）。そこで以下では、子どもの健康という徳を内的能力と外的条件が結びついたケイパビリティとして捉えつつ、それを引き出す養護教諭のケアという徳がいかなるものか考察する。

２．養護教諭の活動とケアという徳

（1）養護とは何か：教育とケア

　まず、養護教諭のケアを考えるために、〈養護とは何か〉というそもそも論から始めよう。養護教諭は明治時代の「学校看護婦」に起源をもちつつも、"Yogo teacher" と英訳されるように、欧米のスクールナースとは異なり教育職員である。学校教育法第 37 条第 12 項で「養護教諭は、児童の養護をつかさどる」とされ、養護は「児童生徒等の心身の健康の保持と増進によって、発育・発達の支援を行うすべての教育活動」（日本養護教諭教育学会 2019, p. 5）と解説される。そこには、教育とケアという二つの要素がみてとれる。

　ここでは、〈教育〉の力点を子どもの何らかの発達や成長をより直接的に志向する点に見出すことで、ケアと教育が孕む緊張関係をあえて意識しながら、養護とは何かを問い直してみたい。というのも、次項にみるように、とくに看護や福祉の文脈でケアが患者や当事者の願いを肯定

する営みとして捉えられるのに対して、教育は子どもに特定の目標や能力の獲得へと向かわせることをより志向するからである[2]。これはたとえば、不登校の子どもには登校を促すといった働きかけとして表れるかもしれない。対してケアは、まずは子どものありようを受容し肯定することから始まるだろう。それゆえ両者は、とくに短期的には葛藤を抱えることもある。ここから本章では養護を、ケアを通じて子どもの成長や発達を——ときに葛藤を抱えつつ——待つ営みとして捉えることとする。そして、待つプロセスそれ自体がもつケアの価値を強調する。

　葛藤という点に関連して、自身も養護教諭であるすぎむらなおみは、職務の「あいまいさ」と、子どもと他の教員との間という立ち位置の「周辺」性に、むしろ養護教諭のオリジナリティを見出している（すぎむら 2014, p. 266-268）。本章なりに読み替えれば、それらは、養護という営みの特質にも起因するといえるだろう。たとえば、子どもたちは他の教員に明かさない秘密を養護教諭にだけ明かすことがある。教員がどのような動機や意図で子どもに接したとしても、そこには必ず評価という教育的まなざしが伴う（あるいは、子どもがそれを感じとる）。養護教諭はこの点で大きく解放されており、子どものサインをより受容しやすい立場にあるのである。このことは、養護教諭に強みを与えると同時に、立ち位置そのものを葛藤のさなかに置いてきたといえるだろう。

(2) ケアとは何か：〈からだ〉にアプローチする

　では、改めて〈ケア〉とは何だろうか。ケア（care）は、気遣い、配慮、世話といった意味をもつ言葉である。現象学者の村上靖彦は、主に看護や福祉を念頭に、心と身体を連続的に捉えた上でそれを〈からだ〉と表現し、ケアを〈からだ〉に対するアプローチだと説明する。そして、ケアを「生きることを肯定する営み」、またケアのゴールを「当事者が自身の〈からだ〉の感覚を再発見し、自らの願いを保てる、そのような力の発揮を目指すこと」だと述べる（村上 2021a, pp. 1-2）。

言い換えれば、ケアとは当事者が他でもない自身の〈からだ〉を生き抜くために、ケアラーがその生を肯定する営みである。この〈からだ〉については、養護の文脈でもいくつかの例がすぐに連想されるだろう。たとえば、「お腹が痛い」と保健室にやってきた子どもが、「実は…」と親や友人との悩みを打ち明けるといったことである。これはひとまとまりの〈からだ〉の訴えだといえる。また、養護教諭は子どもの身体にふれることを通じて〈からだ〉に働きかける。たとえば、怪我の救急処置は、身体の安全のみならず安心感を与える行為となりうるし、処置をしながら行う声かけは、心と身体両方へのアプローチだといえる（cf. 日本教育保健学会編 2016, pp. 102-106）。このようにして、養護教諭は子どもの〈からだ〉と健康を日々ケアしている。

　ただし、「自らの願い」という点に注目すると、そこには看護において病状により患者との意思疎通が難しくなるのとは少し異なる仕方で、その困難がみえてくることがある。この点について考えてみよう。

(3) 子どもの「自らの願い」を聴く

①「自らの願い」を発するのが難しい子どもたち

　新聞記事からいくつか事例を紹介する。ある記事では、一、二ヶ月に一度、決まって午後の休み時間に保健室にやってくる男子児童が取り上げられている。「なんか変。調子が悪いかも」と曖昧な訴えをし、養護教諭は理由を深く問いたださず休ませる。両親は教育熱心であり、児童も普段は活発で、スポーツ教室や塾などの習い事をこなす。ただ、習い事の欠席を自分から母親に言い出せない。また、別の女子児童は、足の指の傷について「あんまり言うと、お母さんに悪いから」と、働きながら育ててくれている母親に相談するのを躊躇している（『中日新聞』2023 年 1 月 3 日, p. 27）[3]。これらは、ためらいや気遣いによって、子どもが親に自らの訴えを伝えられないケースだとみることができる。

　また別の記事では、子ども自身が自らの気持ちや行動の理由を自覚し

たり言語化することが難しい様子が描かれている。登校は週の半分ほどという女子児童が、算数のテストになぜ行けなかったか問いかける養護教諭に対して、「どうしてって聞かれても分からない」と答えるのである。そして、この子だけでなく「〔教室に〕行けない子の大半が、分からないと答える」という（『中日新聞』2023年1月1日, p. 38）。

② SOSのケイパビリティ

これらの事例は、子どもが自らの願いや訴えを発することの難しさを示しているが、子どもの不調に何らかのサインを読み取り、その明確でない訴えを受け止めることは、それ自体が〈心・身体・環境・人間関係・社会〉が連続的に絡み合った〈からだ〉の健康と幸福へのケアだといえる。子どもが自らの願いを生き抜く出発点となるからである。

そのための一般化された有効な手段はおそらく存在しないだろう。代わりにここでは、「SOSのケイパビリティ」という視点でこうした事柄を捉え直してみたい。村上は、少女がつく悪態に助けを求めるSOSを支援者が読み取る事例を紹介し、それをSOSのケイパビリティと呼んでいる（村上 2021b, pp. 206-208）。その事例では、支援者による声かけの蓄積の結果として少女が悪態をつき、支援者がそれを受け止めることで明示的でなかった訴えがSOSとして顕在化したことが指摘されている。そして、少女の支援者への甘えは、SOSを発する一つの力だという。つまり、ケアを必要とする人がそのサインを出す力は、それを受け止める支援者の力と組み合わさることで現実のものとなるのである。

先の新聞記事の事例にSOSのケイパビリティを読み取ることも、的外れではないと思われる。男子児童が保健室に休みに来ることやその不調は、親子間で抱える問題の一つの訴えとして捉えることができる。子どもたちの自分でも理由が「分からない」という答えそのものに、何らか別のサインを読み取ることができるかもしれない。また、そうした子どもたちを保健室で受け入れることや声かけを続けることは、SOSのケイパビリティを構成する一つの条件となりうるだろう。

当然ながら、読み取ったSOSをどのように家族に伝えるかといった課題は残る。また、子どもたちが自らの願いを明確にしても、それが阻まれる場合もある。ジャーナリストの秋山千佳は保健室に関するルポで、家族による虐待や貧困の問題を抱える女子中学生が、養護教諭のサポートによって高校受験や自立の目標を獲得しつつも直面した、その大きな困難について記している（秋山2016, pp. 76-114）。そうした問題の対応には、学校内の連携や学校と福祉との連携なども必要となる。とはいえ以上をふまえれば、子どもが自らの願いを発し、自身の〈からだ〉を生き抜く健康の徳を獲得することは、内的能力の発達や育成のみならず、保健室という場や養護教諭のケアを含む様々な状況や条件が結びついて可能となる、ケイパビリティの拡大だと捉えられるだろう。

3. ケアの場／「居場所」としての保健室

(1) 養護教諭のケアと保健室という場：「開放性」と「居る」

　では、子どもの健康の徳を引き出す養護教諭のケアという徳は、いかにして可能となるのだろうか。養護教諭はしばしば「保健室の先生」と呼ばれるが、保健室という場との関わりから検討しよう。ポイントは、「開放性」と「居る」である。前者は、政治学者の岡野八代による、ケア関係は家父長制規範などによって閉じた関係性だと錯覚させられているが、受け手や担い手だけでなく外部や第三者を必要とする点で本来は「開放的」なものだという指摘（岡野2022）がヒントとなる。

　まず、養護教諭と子どもとの関係は、保健室という場を媒介とした「開かれた」関係性だといえる。なぜなら、学級担任が教室という場で学級という固定的・強制的な関係を子どもと取り結ぶのに対し、養護教諭と子どもとの関係は、保健室で受け入れる、健康診断で声をかけるといった非固定的な関係性から始まるからである。養護教諭は、保健室に

「居る」ということを通じて、ケアの機会を開いているのである。

　次に、保健室で養護教諭が子どもと「ともに居る」こと（あるいは、子ども同士が「ともに居る」こと）は、子どもの存在（感）の肯定を意味しうる。この点に関して、臨床心理学者の東畑開人が、デイケアにおける自由時間を「ただ、いる、だけ」と表現していることが参考になる。それは「いる」ために「いる」ような状態であり、居場所とは「とりあえず、座っていられる場所」だとされる。そして、とりあえず座って「一緒にいる」ことで、自己の脅かされやすい人たちが座っていられるようになることが目指される様子が描かれている（東畑2019, 第2章）。また、東畑は「遊びの精神分析」について紹介している。それによれば、子どもの一人遊びは他者に依存して身を預けることによって可能となる（東畑2019, pp. 152-154）。つまり、「居る」ということは、「ともに居る」ことによって支えられうるのである。

　保健室登校を例にとろう。養護教諭は保健室登校を受け入れることによって、もちろんただ物理的に一緒に「居る」だけではない。保健室という場をともにし、子どもの気持ちを聴くことを通じて、「教室に行けない、学習に取り組めない、そういう自分でも保健室にいていいんだ」（日本教育保健学会編2016, p. 112）という安心できる空間をつくる。それは「ともに居る」ことの一つの形態だといえるだろう。そして、これは教室復帰や自立といった目標への単なるプロセスではない。保健室で「ともに居る」ことは、子どもの「居る」という存在の肯定であり、それ自体がケアとして一つの価値をもつといえるのである。

（2）開かれた保健室

　保健室の「開放性」について、秋山による保健室のルポからは、保健室がより「開かれた」ものとなった事例が（また、その逆の事例も）読み取れる。一つは、養護教諭の「困ったら保健室においでよ」という言葉が、不登校の生徒が学校に来るハードルを下げたエピソードである

（秋山 2016, p. 123）。この事例は、声かけがケアの機会をより開いたと捉えられる。もう一つは、教職員の「開かれた」協働の場として保健室が機能した事例である。同じ養護教諭が保健室に設置した丸テーブルに生徒が座り、そこに相談員らが来ることで、チームとして連携し生徒と関わった様子が描かれている（秋山 2016, 第3章）。

　さらに、学校外に及ぶ事例として、養護教諭を退職した白澤章子が開設した「川中島の保健室」という、まちかど保健室の取り組みがある（秋山 2016, 第4章；白澤 2019）。これは誰もが心身や性の悩みを無料で気楽に相談できる場所を目指した、地域社会に「開かれた」保健室である。白澤が現役時代から積極的に取り組んできたのが性教育であり、またまちかど保健室の取り組みは徐々に広がりをみせている。

4．これからの学校保健・養護・ケア

　以上の議論をふまえれば、子どもの健康の徳を引き出す養護教諭のケアの徳もまた、保健室という場を介して発揮されるケイパビリティとして捉えられるだろう。その発揮は、単に養護教諭の内的能力のみならず、保健室という場、その場に居ること、設備やチームの開放性などの複雑な絡み合いによって可能となるからである。ただし注意していただきたいのは、ここまで本章は目標や規範としてケアを論じてきたわけではないことである。「ともに居る」ことを規範としていたずらに強調することは、多忙化する現場の「しんどさ」をより強めるリスクがある。そうではなく、すでに実践のなかにあるケアを捉え直し、自らや学校のあり方を省察するヒントとなれば幸いである。

　それゆえ、これからの学校保健や養護を考える上で重要となるのは、ケアを支え、ケイパビリティを拡大する条件や制度を問い、整備することだろう。一つの論点は、養護教諭の複数配置である。現在の配置基準では、養護教諭が2人以上の複数配置が認められるのは、小学校で児童851人

以上、中学校で生徒801人以上である。近年の子どもが抱える問題の多様化から、基準緩和の必要性が指摘されている（『中日新聞』2023年1月28日, p. 26）。もう一つは、複数配置とともに、先に触れた教職員の「開かれた」協働や学校内外の連携を充実させることだと考えられる。

　最後に、今後の学校保健の課題であり、おそらく養護教諭が力を発揮しうる課題に性教育がある。もちろん、性教育は養護教諭のみが担うものではない。しかし他方で、少なからぬ養護教諭が子どもたちから性暴力の相談を受ける現状があり（cf. すぎむら2014, 第4章）、また性の悩みは、〈からだ〉の健康に深く関わる問題である。

　実際、現在の日本の学校教育にとっても性教育は大きな課題である。2023年度より推進されている「生命（いのち）の安全教育」は、性犯罪・性暴力の防止に焦点化しており、文部科学省はこれを性教育として位置づけていない。対して国際的に推進されているのは「包括的性教育」である（UNESCO 2018）。そこでは、若者の健康や福祉・幸福（well-being）を目指して、人間関係や価値観・権利から性と生殖に関する健康まで、包括的な学習内容が想定されている。つまり、本章が出発点としたSDGsやケイパビリティ・アプローチと見方を共有しつつ、〈からだ〉の全体にアプローチすることが目指されているといえる。

　このようにして、子どもたちの健康と幸福に対して養護教諭とその徳が果たしうる役割は、決して小さくないだろう。

注

1　SDGsの詳細な解説は、蟹江（2020）を参照。以下、欧文からの引用や要約は、既訳を参照しつつも原文をふまえて訳を変更した場合がある。
2　類似した見方として、教育と福祉を対比する吉田（2020）がある。また、村上（2021a, 第2章）による医療とケアの対比も参照。
3　日本養護教諭教育学会HP（https://yogokyoyu-kyoiku-gakkai.jp/wp-content/uploads/tyunishi-kiji-20230101.pdf）にて一連の記事が閲覧できる。

（児島博紀）

第10章
学習支援と徳

　本章では、学習者が自律的存在になることを支援する教育的介入としての学習支援を採り上げ、その実践者が備えるべき倫理的規範について考察する[1]。そのためにまず、学習支援の必要性が認識されるに至った背景として、伝統的な教育方法として知られる一斉教授という形態の起源を確認し、この方法にまつわる倫理的懸念を確認する。その上で、学習支援制度の一つとしてアカデミック・アドバイジングに注目し、支援の実践者であるアドバイザーに求められる倫理規範を紹介し、学習支援における徳論的アプローチの有効性を検討する。

1．一斉教授という方法：出自と背景

　一斉教授という方法論が日本に導入したのは、明治時代に師範学校で教鞭をとった米国出身のお雇い外国人マリオン・スコットだったとされる（松本 1990, p. 29）。本節では、米国を経由し日本にもたらされたこの授業形態の先駆的事例として、欧州での二つの実践を概観する。

(1) モニトリアル・システム

　伝統的な授業が備える大きな特徴は、学習者の「集団」を対象とした、「一人の教師」による知識の教授、という二点にある。このうち、「集団」的な授業という形態を普及させた一つの契機は、18世紀のイギリスで導入されたモニトリアル・システムにあるとされる[2]。この仕組みを提唱・発展させたクエーカー教徒の教育学者ジョセフ・ランカスターはもともと、貧しい子どもを対象とした一対一の個別教授を基本と

する学校を運営していた。だが、生徒の数が増加したことで、教師の訓練のための時間や、人件費その他のリソースの不足という状況に対処する必要に迫られた。そこで彼は、生徒の中でも優秀な者を「モニター」として採用し、能力別に分かれた十人程度の「クラス」の指導役とした。教授内容は基本的な読み・書き・計算に限定され、しかもそれぞれの領域の内部で明確かつ細かなレベルを設定し、それに合わせてクラスが編成されていたので、まだ子どもであるモニターでも無理なく自分の担当クラスを受け持つことができたのである。

このシステムは多数の生徒に対する指導ができるという利点がある一方で、難点も抱えていた。とりわけ、幼児を対象とした教育においては、幼すぎるためにモニター役となる生徒を確保することが難しい点、そして単なる能力別に編成されたクラスでは、生徒同士の連帯感が育まれない点がある。これらに対応するべく、イギリスの教育者サミュエル・ウィルダースピンが19世紀に考案したのが、ギャラリー方式という一斉教授の仕組みである。この方式においては、生徒の座席は雛壇のように階段状に設計され、それにより全員の視線が同じ方向、すなわち一人の教師の方向を向くような構造になっていた。こうして、大勢を相手にした効率的・経済的な教育というモニトリアル・システムの利点を引き継ぎつつ、生徒集団の凝集性も担保する方法論として一斉教授法が一般化し、後にはイギリスの公教育においても受容されていくことになった。

(2) イエズス会学校

他方で、イギリスでのモニトリアル・システムとその後の展開に先んじて、中世ヨーロッパのイエズス会学校において、同質的な生徒集団を対象とした一斉教授の実践がなされていたという指摘もある。熊井将太によれば、イエズス会学校の授業は「(1) すでに学ばれたことの復習（10人組において）、(2) 教師による一斉形態での講義、(3) その講義

で学ばれたことの復習（教師の試問、生徒相互の試問、筆記の宿題）の三段階を基本単位として構成」されていたとされる（熊井 2008, p. 76）。授業において教師は、キケロのような権威のある哲学者がラテン語で著した作品等を読み聞かせ注釈し、生徒たちはそれを理解しつつ、なるべく正確に模倣・暗記することが求められた。古代の哲人たちの言葉を内在化することで、人格の涵養・完成が可能になるという前提と、一人の教師が同時に多数の生徒を指導できるという経済性・効率性を重視した結果として、イエズス会の一斉教授が成立したのであった。

2．一斉教授の問題点：倫理的観点から

　一斉教授はこのように、限られたリソースの中でなるべく多くの生徒に教育を提供しようという経済性を志向する中で生まれた方式だったが、それは個別の学習者が必要な学習成果を達成するために最適な方式であるとは限らない[3]。そうした懸念も踏まえつつ、本節では個別の科目の知識定着の効率についての実証的検証ではなく、倫理的な視座から見えてくる問題点を取り上げたい。

(1) 学習者の主体性・自律性の育成について

　一斉教授についてまず指摘されうるのは、学習者が身につけるべき望ましい学習態度＝徳を育むことが困難だという、徳認識論的な問題である（本書第3章参照）。すなわち、この方法論は、学習者の自律性を育むどころか、むしろ彼らの主体性を抑圧しかねないということだ[4]。とりわけ、複雑な内容とその理解を必要とする科目を学んだり、単純な知識であってもそれを真に自らのものとし、様々な文脈で適用・応用できるようになるためには、学習者が受動的に講義に耳を傾けるだけでは不十分であろう。

　この点について、ブラジルの教育哲学者パウロ・フレイレは、伝統的

な教師から生徒への知識の教授というフォーマットを「銀行型教育」と名付けて批判している（Freire 2010）。このモデルにおいては、知識はお金のごとく何らかの実態を持つものとして物象化され、教師はその財を持つ権威者として、そして学習者はそれをありがたく受け入れるだけの空っぽの容器として表象される。この捉え方に欠けているものとは、知識とは人と行為、ひいては人と人との間で生起する間主観的なものであるという理解や、その契機となる対話的・主体的な教育方法、そしてそのプロセスを楽しみ、継続的に学習を続けていくための好奇心・探究心といった認識的徳の育成という視点にほかならない。

(2) 教員の特権性と学習者・同僚との関係性について

　一斉教授の2つ目の倫理的問題とは、教師と学習者との、また教師と同じ組織のその他のスタッフとの関係性に関わるものである。すなわち、1つ目の論点とも関連するが、教師の地位が不当な水準に至るまで特権化される危険があるということだ。先のフレイレの「銀行型教育」モデルに則ってみれば、教師とは「知識」という「財」を「多く」持つ権威者・権力者である一方で、生徒・学生は知識を持たず、それを必要とする「弱者」として位置づけられるようになる。この権力勾配の存在によって、教師は威圧的に振る舞ってもそれを諫める上位者がおらず、一方で学習者の方は権力者である教師にむかって発言することを恐れ、萎縮するということになる。

　教師が過大な権力を持つことの影響は、学習者以外の人々との倫理的に問題のある関係性の原因にもなりうる。すなわち、教育の主たる担い手である教師にとって、自らの主たる活動の場である教室こそが特別かつ特権的な空間としてみなされ、それ以外の場での学習者の活動のみならず、その教師と同じ組織に務めている他の教員や職員、また彼らの職務が二次的な重要性を持たないものとして捉えられかねない。教員への知識＝権力の集中は、職場におけるパワー・ハラスメントという職業倫

理上の問題をも生み出しかねないのである[5]。

3. 学習支援の必要性：
アカデミック・アドバイジングを例として

(1)「教授」から「学習」へのパラダイム・シフト

　一斉教授という方法論には、上記のように、様々な視座からその有効
性・倫理性について疑問が投げかけられてきた。そうした反省の中で提
唱されたのが、「教授」から「学習」へのパラダイム・シフトだと言え
る（溝上 2014, p. 9）。すなわち、教育のゴールは学習者である生徒・学
生が自ら知識を獲得する力を得ることであって、教師による授業はその
目標を達成するための一つのリソースに過ぎない、という理解への移行
である。この精神を体現するものとしてたとえば、授業を通じて学習者
にインプットを行うのではなく、むしろインプットは授業外で生徒が各
自で行うこととし、授業時間は議論をはじめとするアウトプットに用い
ることとする、反転授業が注目を集めている。

　さらに、特に高等教育の文脈では、授業での学びを補填する教室以外
の場での学習者への支援として、ライティング・センター、心理カウン
セリング、キャリア相談などといった、広義の学習支援の意義について
も再評価されるようになっている。本節では、そうした学習支援の一つ
として、学生との長期的かつ直接的な教育的関係を取り結ぶという意味
でとりわけ職業倫理や徳が問われる営みであるアカデミック・アドバイ
ジングを取り上げる。

(2) アカデミック・アドバイジングとは何か

　アカデミック・アドバイジングとは、米国の高等教育において発展し
た学習支援制度であり、学習者が望む学生生活・キャリアを送れるよう

に提供される、在学期間を通した授業外で助言その他のサポート体制を指す[6]。アカデミック・アドバイザーの職能団体である全米アカデミック・アドバイジング協会（NACADA）は、アカデミック・アドバイジングを次のように定義している。

> アカデミック・アドバイジングとは、教授・学習という高等教育の使命に基づくものとして、カリキュラム、教授法、そして学生の学習成果の3つを対象とした一連の意図的なインタラクションを指す概念である。アカデミック・アドバイジングは、学生の大志、能力、そして人生という枠組みの中で、彼らの教育的経験を統合・文脈化し、学習をキャンパス〔という物理的な場〕と〔学生としての〕時間という範囲の外にまで拡張する営みである。（NACADA 2006）

　上記の定義は一般的ではあるが、アカデミック・アドバイジングが学生に対するある種の教育的介入であること、そしてそれが伝統的な教育の場としての教室という物理的空間や、授業時間というカリキュラム上の単位の制約を受けないという点において、伝統的な一斉教授法とは対照的な指導のあり方だということを示している。また、アドバイザーはあくまで学生がよりよく意思決定できるように「助言」を行う存在であり、その意味で、伝統的な教師・学習者の間に成立するような上下関係はなく、よりフラットなやりとりが志向される[7]。

4．学習支援者の徳

(1) 徳としての NACADA のコア・バリュー

　アカデミック・アドバイザーの倫理規定としては、先にも触れた職能

団体 NACADA が作成した、次のような「コア・バリュー」のリストがある。

- **ケアリング**（学習者、同僚、その他の関係者へと支援を提供し、彼らのニーズに応じられること。傾聴と共感の態度を持つこと）
- **コミットメント**（学習者の成功に必要な全ての局面において卓越した支援を行うという、学習者、同僚、組織、そして職業に向けたコミットメント）
- **エンパワメント**（学習者が潜在能力を発揮できるよう支援すること）
- **包摂**（多様な人々と彼らのニーズに応えること。オープンな態度、受容、平等性をもって学習者、組織、同僚と接すること）
- **インテグリティ**（倫理的・職業倫理的な振る舞い。誠実、透明性、アカウンタビリティをもって学習者、組織、職務に向き合うこと）
- **プロフェッショナリズム**（学習者、同僚、組織、そして高等教育全体の最大善を目指し、アドバイザーとしての職務を果たすこと）
- **尊敬**（すべての学習者を尊重すること。それぞれの視点・文化を理解し、感受性・公平性をもって接すること）（NACADA 2017）

　これらの「コア・バリュー」は、アドバイジング実践者の備えるべき人格的・職務的「徳」の一覧として理解することが適切であろう。というのも、徳倫理学というアプローチはそもそも、倫理的な正しさは原理原則から演繹的に導くことはできないという倫理のコード化不可能性についての議論に動機づけられていたように、アドバイザー各位が学習者の支援において具体的状況に対して柔軟に対応できるためには、導きとなる指針を特定の行為を指示する規則の集合とすることは不適切だからである。

(2) 原理としての倫理的理念

　先の「コア・バリュー」が職能団体である NACADA が現場の実践者らによる経験的な観察から規定されたものだと考えられる一方で、理論的考察に基づいたアドバイジングの倫理的指針としては、マーク・ローウェンスタインが提唱する次のような理念がある。

- **善行**（自身の行為の影響を受ける全ての人に与えられる福利を最大化しようと努めること）
- **無害**（自身の行為の影響を受ける全ての人に与えられる害を最小化するよう努めること）
- **正義**（全ての人に平等・公平に接し、特定の個人をえこひいきしないこと）
- **人格の尊重**（全ての人を単なる手段としてではなく、同時に目的としても接すること。相手を合理的・自律的な行為主体としてみなし、こちらの意のままに操作できるモノとしては扱わないこと）
- **忠誠**（自身が明示的にあるいは暗黙裡に成したコミットメントを果たすこと）（Lowenstein 2008, pp. 39-41）

　ローウェンスタインらによれば、この5つの理念には次の3つの利点がある。すなわち、（a）行為を倫理的に正・不正にするものは何かについての、哲学理論に基づいたものである[8]、（b）哲学的な基礎から現実世界における倫理的問題の解決へと応用できる、（c）倫理的解決を導出するためのアルゴリズムなど存在しないことを前提としている（Lowenstein & Grites 1993, p. 53）。実際、具体的状況において、複数の理念が衝突し、道徳的ジレンマを起こすことがありうると彼は述べている。

（3）道徳的ジレンマの解決：ケース・スタディ

　では、NACADA のコア・バリューとローウェンスタインの倫理的理念は、アドバイジングにおける具体的状況の分析・解決においてどのように適用されるのだろうか。ジョアンヌ・ダミンガーは、授業担当教員の教え方が下手だと主張する A という学生が、不可を得ることを避けるために締め切りを過ぎたにも拘わらず当該科目の履修取り消しを要求するケースを、次のように分析している（Damminger 2015, pp. 61-63）。

・この要求を許可することで、学生の GPA は下がらないという利益があるので、「善行」の観点からは許可するべきであるように思われる。
・しかし、学生は他の科目でも成績がふるっていないことから、根源的な問題は当該教員の教え方というよりはむしろ、学生本人の学力・学習スキルの欠如ではないかと推察される。そうだとすると、本人の長期的な利益を考えると、適切な履修選択と学力向上こそが本人の利益にかなう。履修取り消しは本質的な解決にはなっていない。
・また、期限を超えての履修取り消しを許可することは、組織のルールに対するコミットメント違反であり、「コア・バリュー」で規定されている職業倫理や、「忠誠」の観点から適切ではない。
・同時に、特定の学生を特別扱いすることは、似たような状況にある他の学生に対して不公平であり、「正義」に反する。
・そして、実際の授業の様子を調査することなしに学生の要求を認めることは、教員に対する疑義を暗に認めることになるが、これは教員の名誉を傷つけるものであり、「無害」に反する。

　上記の考察をもとにして、たとえばアドバイザーは A さんに、教員と面

談し、どのようにすれば授業での成績を挽回することができるか協議することを推奨したり、あるいは大学が提供するリソース（チューター制度、ライティング・センターなど）を紹介するといった支援を行えるだろう。

　このような分析・助言はあくまで一例にすぎず、他の要因を勘案すれば、別の解釈や行為が適切だと判断される場合もあるだろう[9]。しかし、まさにそうした個別・具体的な状況に対する総合的なアプローチの必要性こそが、アカデミック・アドバイジングをはじめとした学習支援における徳論的アプローチの有効性を示しているとも言えよう。

注

1　大学における学びのサポートを初等・中等教育でのそれとは区別して指し示す概念として「学修支援」が用いられる場合もある。また、「学生支援」という語もあり、それぞれの定義と概念間の差異については諸説あるが、本稿では清水・中井編（2022）にならい「学習支援」を用いる。

2　モントリオール・システムや、より一般に「学級」という単位が用いられるようになった歴史的背景については、柳（2005）を参照。

3　たとえば、林・三崎（2015）などを参照。

4　教育目標としての自律性については、佐藤（2019）が（徳）認識論・教育哲学の文脈を踏まえつつ議論している。

5　大学における教員（教育職員）と職員（事務職員）の関係性についての研究としては、小室（2012）がある。

6　アカデミック・アドバイジングについての概要は、清水（2015）を参照。

7　アカデミック・アドバイジングのサンプルとしては、たとえば次の動画を参照。"Affective Advising: Building Relationships Using a Student Centered Approach Simulation Video." *YouTube*, uploaded by juliewestern, 2009 年 10 月 8 日 , https://youtu.be/VItHKW6KIEE.

8　これらのうち、「善行（beneficence）」、「無害（non-maleficence）」は帰結主義的理念である一方で、ロールズに由来する「正義（justice）」、カントに由来する「人格の尊重（respect for persons）」、そして最後の「忠誠（fidelity）」は非帰結主義的理念とされる。なお、「善行」と「無害」は、1993 年のトーマス・グライツとの共著論文では「効用（utility）」として一纏めにされている。

9　アカデミック・アドバイジングをはじめとした学習支援の現場において頻出する状況や問題を検討し、具体的な指南を与える事例集としては、清水・中井編（2022）がある。

（藤井翔太）

第11章

情報教育と徳

1. 情報教育の課題

(1) 現在の学校教育における情報教育

　学校教育には、社会の変化とともに新たに教育すべき事項が追加されていくのが常である。その代表例のひとつが、情報教育であろう。この点は、平成29年・30年に改訂された小・中・高のすべての段階の学習指導要領において情報活用能力の育成が掲げられていることからもみてとることができる。そこでは、プログラミング能力のような実用的な技能だけでなく、情報化社会において生じている様々な問題に取り組むことが求められている。

　たとえば、中学校「技術・家庭」では情報セキュリティについての学習とともに、情報通信ネットワーク上のルールやマナーの遵守、危険の回避、人権侵害の防止などについて学ぶことになっている（文部科学省2017j）。また、高校の新科目「情報」のなかでも、個人情報の保護に関する法律、知的財産に関する法律、サイバー犯罪の防止に関係する法律などを理解したうえで、情報の送り手や情報の受け手として果たすべき役割や責任が学ばれることになっている（文部科学省2018b）。

　このように、現行の情報教育では新たな情報技術が生み出した新たな倫理的な問題が数多く扱われている。そしてこの種の情報モラルの教育は、確かに重要な今日的課題のひとつといえるだろう（情報教育学研究会・情報倫理教育研究グループ編2018）。実際、小・中学校に新設され

た特別な教科「道徳」のなかでも、思いやりや礼儀の指導の際にインターネット上の書き込みのすれ違いについて触れたり、遵法精神や公徳心の指導の際にネット上のルールや法令に触れたりすることが求められている（文部科学省 2017g）。

　しかしここで忘れてはならないのは、新たな情報技術は新たな倫理的課題だけでなく、新たな認識的な課題も生み出しているという点である。それを一言で言い表すならば、「ネットの情報をどこまで信じてよいのか」という問題である。

(2) ネット情報を巡る認識的問題

　現代では情報入手の媒体が紙からインターネットへと置き換わりつつあり、その置き換わりの速度は年齢層が低ければ低いほど加速度を増している。生徒は紙の本や新聞や雑誌よりもインターネットのサイトや動画やSNSを通じて情報を仕入れるようになってきており、その傾向は今後も変わることはないであろう。

　しかしインターネット上には有象無象の情報が存在し、そこには誤情報や根拠不明の情報、政治的なプロパガンダ、悪意に満ちたデマ、面白半分で広まっているうわさ、荒唐無稽な陰謀論や疑似科学、等々で満ちあふれている。そしてこれらの情報を信じてしまうことは、たとえば感染症に対する誤った対応をしてしまうなどの実害をもたらすだけでなく、様々な社会問題や政治的な問題に対して間違った根拠に基づいた判断を下すことに繋がっていく。さらに、ネット上のフェイクな情報の流布はしばしばマスメディアや科学者などの既存の知的権威に対する批判とセットで行われるがゆえに、我々がこれまで信頼してきた知識の供給源に対する不信感の増大にも繋がっていく。そして、学校教育という知的権威もまたその批判の矛先の例外ではいられないであろう。このことは、我々がおよそ何かを学ぶという営むそのものの基盤を掘り崩す危険性を孕んでいる。

さりとて、インターネットを遠ざけたり、その使用を禁止したりすることは、ネットという情報メディアが我々の知識の拡張において果たす役割に鑑みるとデメリットも大きい。したがって現在必要とされている情報教育とは、ネットの危険性を声高にあげつらうものではなく、生徒がネット上に氾濫する情報のなかから、信じてよい情報とそうでない情報を正しく選り分けたうえで、適切な仕方でインターネットを最大限有効活用できるようにするための教育である。これは、従来のメディアに対する批判的吟味を意図したメディアリテラシー教育だけでは対応できないネット固有のリテラシー教育の必要性と言いかえてもよい。以下では「ネットリテラシー教育」という言葉をネット情報の正しさを自分で考え、判断できるようになるための教育という意味に限定して話を進めることにしたい。

2．どのようなネットリテラシー教育が必要か

（1）知識・技能の習得

　それでは、この意味でのネットリテラシー教育はどのように行われるべきであろうか。まず考えられるのは、インターネットの特性についての知識を教授することである。たとえば、インターネットの検索システムの仕組みやフェイクな情報が過去にどのような意図や動機（政治的な意図、経済的利益、自己承認欲求等々）で発信されてきたのか等をネットというメディアの特性と合わせて学習したりすることで、リアル社会で接する情報と比較してどのような点に気をつけなければならないのかを理解することができるようになる。

　しかし、このような教育によってネット情報の一般的な信頼性についての知識を獲得することはできたとしても、これだけでは個別の情報の信頼性を判定するには十分ではない。そこで考えられるもうひとつのや

り方は、怪しいネット情報を見破るための技術を教えることである。た
とえば、URL のドメインから怪しいサイトとそうでないサイトの見分
け方を学んだり、フェイクな映像の見分け方を教えたりすることはでき
るであろう。しかし、ネット上の情報伝達プロセスやフェイク技術の変
化のスピードはリアル社会の媒体の比ではないので、これらの個別の知
識や技術はすぐに役に立たなくなってしまう可能性がある。

(2) 批判的思考力の訓練

　そこでもう少し一般化して、その情報発信がいつ誰によって為された
のかを確認したり、その発信者が信頼できるかどうかを確認したり、複
数の情報源にあたってみたりするなど、情報の信頼性を確かめるための
一般的な判断の仕方を教えることが考えられる。これらネット情報に対
する思考力や判断力の必要性については、現行の教科書でもごく簡単に
ではあるが言及されているところであり、これらのコンテンツを拡充し
ていくことで一定の効果を上げることはできるだろう。

　そして、ある主張の根拠を確認したり、ひとつの主張だけでなく複数
の主張を比較検討して判断したりするといった一般的なクリティカルシ
ンキングの方法論をネット情報に適用して考えてみることは、批判的な
思考力の訓練としても重要なことである（新学習指導要領で「情報の扱
い方」が加わった国語は、この訓練を担う教科の候補となりうる）。

　しかし、仮に生徒がこのような思考力や判断力をもっていたとして
も、個別のケースで実際にそれらの能力を駆使して情報の信頼性を吟味
するとは限らない。さらにいえば、もしもそれらの能力を駆使したとし
ても、その吟味の仕方が適切であるとも限らない。

　たとえば、以下のような生徒を考えてみよう。ある事件の真相が明ら
かになったと主張する情報をネット上でみつけたが、その情報源を確認
しなければならないとわかっているのでソースを辿ってみたところ、そ
の情報を裏づけるとされる記事が見つかった。さらに複数の情報源にあ

たるべく調べてみたところ、同じことを述べている多くの動画やサイトが見つかった。それでも、それらの情報の正しさをさらに吟味すべきと考え、自らの批判精神と批判的思考力を発揮して、様々なサイトで質問の書き込みをしてみた。すると、その情報を補強する回答が数多く返ってきて、疑問を抱かせるような回答は皆無だった。これらの根拠をすべて考慮に入れたうえで総合的な判断を行った結果、その情報は信頼できると結論づけ、それを信じるに至った。そしてその真相とは、すべてが「闇の政府（deep state）」による陰謀だというものであった……。

　この生徒は少なくとも、情報の根拠を確認すること、複数の情報源にあたってみること、与えられた情報を鵜呑みにせず相手に対して質問すること、入手した根拠を照らし合わせて総合的に判断すること、等々の批判的な思考プロセスをきちんと踏んだうえで、その情報を信じるに至っている。つまりこの点でこの生徒は、身につけた知識と思考力を駆使して批判的な思考を行っているようにみえる。

　しかしながら、彼が見ていた動画やサイトは彼の閲覧履歴に基づいて類似したものを選び出すアルゴリズムに基づいて表示されたものであり、彼は自分の好みに近い情報だけに取り囲まれるフィルターバブルの状態に陥っていた（Pariser 2012）。そして、彼の質問に回答したサイトでは自分に似た思想をもち、同じ情報を前提としている人たちが集まっており、その結果として同じ方向性の意見や回答ばかりが返ってくるエコーチェンバーと呼ばれる状態に陥っていた（Lackey 2021）。

　もちろん、このようなネット上で発生しがちな情報環境についてあらかじめ知識として教えておくことはできるだろう。しかしネットリテラシー教育における最大の困難は、たとえこれらのネットの情報環境についての知識をもっていたとしても、一旦そのような閉鎖的な情報環境にはまってしまうと、その環境の内部での先入見や証拠の基準等々が無自覚のうちに刷り込まれることによってその人自身の考え方や認識的な態度自体が固定化されてしまうという点にある。そして一旦そうなってし

まうと、外部からの情報を受け入れ、自分の信じていることを間違っていると認めることが極めて困難になってしまうのである（Cassam 2019b, Nappolitano 2021）。新しい時代の情報教育は、まさにこの問題に対処できる教育でなければならない。

3. ネットリテラシー教育と知的徳

(1) 知的な謙虚さ・公平さ・忍耐力

　では、いったいどうすればよいのだろうか。ここで必要となるのが、知的な徳の教育である。知的な徳についての研究は古代ギリシアのアリストテレス以来の伝統があるが、とりわけ現代の徳認識論と呼ばれる領域では、倫理的に価値のある特性と区別されるものとして、認識的に価値のある特性として様々な徳が考えられている（本書第2章参照）。ここでは、とりわけ関係するものとして三つ取り上げたい。

　第一に、「知的謙虚さ（intellectual humility）」は、自分自身の知識の限界を自覚して、その限界に敏感に反応できる人がもつ徳である（Wittcomb et al. 2017）。その反対は、自分は他人の知らないことを知っていると思い込み、他人が自分よりも知識が欠如しているとみなして、その意見に耳を傾けないような人であり、そのような人は知的に傲慢だといわれることになる。この対比でいうと、自分が得たネット情報だけで自分が他人よりも多くのことを知っていると思い込んでしまう人は知的な傲慢さという悪徳を示している。反対に自分の知識の範囲が内容的にも、情報を獲得する認識ルートとしても限定されていることを自覚し、その限界を超えた知識を獲得するために自分と異なる見解をネット以外のメディアも含めて積極的に探し求め、自らの考えの正しさを常に問い直し続ける人は知的な謙虚さという徳を有しているといえる。

　第二に、「知的に公平な心（intellectual fair-mindedness）」はすべて

の観点や意見を偏見なしに公平に取り扱うような人がもつ徳である（Paul & Elder 2002）。たとえば、自分の考えにとって有利な意見や証拠だけが重要だと考え、自分にとって不利な意見や証拠はそれが自分の意見と合わないという理由だけで軽く見積もったり、自分と他人に異なる基準を適用して判断したりする人は、知的に不公平な人である（類似した概念として、他者の批判や新たな考えに対して「開かれた心（open-mindedness）」という徳もあり、その反対が「閉ざされた心」である）。たとえネット上であったとしても自分が信じていることに反する証拠や対立する意見を目にする機会は必ず存在するので、それらを公平な視点と基準で扱うことができる人は、自分の信念を客観的な観点から評価し、改訂することが可能となる。

　最後に、ネットリテラシーにとってとくに重要な徳として「知的な忍耐強さ（intellectual perseverance）」を挙げておきたい（King 2018）。ネット上ではしばしば「ネトウヨ」や「サヨク」などといったレッテル貼りが行われるが、それはネットにあふれる膨大な意見の細かい違いを一つ一つみていくよりも、特定のラベルのもとで分類してしまったほうが単純で理解しやすくなるからであろう。あるいはネット上にはびこる陰謀論も、「闇の政府」のような一つの陰謀主体によって世界の様々な事象が説明されるという点で、単純で分かりやすい。

　このように我々は与えられた複雑かつ大量の情報を前にすると、ついこのような単純化された説明や意見を受け入れてしまいがちになる。しかし、社会で起こる現実の事象のほとんどは単一の仮説で説明できるようなものではなく、様々複雑な要因が絡んでいる。また、重要な問題についての人々の意見はすべてが賛成と反対に二分できるようなものではなく、多様性に満ちている。それゆえ、単純な説明や意見に接して簡単に分かったつもりになったり、それらの妥当性の吟味を途中で投げ出してしまったりしていると、真実からはどんどん遠ざかっていくことになる。単純化された極論や陰謀論を簡単に受け入れてしまわないために

は、分からないことを分からないものとして保持しつつ、複雑な事柄を根気強く探究し続けていく知的な忍耐強さが必要なのである。

(2) 知的な徳の習得

以上の知的な徳はそれぞれ重なり合っている部分もあり、単独で習得されるものでもなければ、単独で発揮されたりするものでもなく、相互に関連し合いながら身につけられ、発揮されるべきものである。そしてこれらの徳を身につけることによってはじめて、他人の意見に全面的に隷従するのではなく、さりとて他人の意見を無視して独善に陥るのでもない仕方で、自分の頭で考え、判断する「知的な自律性（intellectual autonomy）」（Matheson & Lougheed 2021）の徳を備えた人になることができる。ネット上に形成された特定の思考空間に閉じ込もることなく、批判に対して開かれた公共的な対話の空間に常に立ち返って来ることができるためにも、このような知的な徳の習得が必要不可欠なのである。

そしてこのような徳の教育は、倫理的な徳の場合と同様に、単なる知識の伝達によって習得することはできず、知的な実践の繰り返しによる習慣づけを通じてしか身につけることができないものである。たとえば2013年からメディア教育に関する国家目標を策定し、フェイクな情報を見抜く力を身につけるための教育を推進しているフィンランドでは、ビデオや写真の操作可能性や検索アルゴリズムの仕組みなどを実際の作業を通じて学んだうえで、実際に検索してみた結果がどのくらい信頼に値するのかを議論する授業などを行っている（Gross 2023）。このようなフィンランドのネットリテラシー教育のうちでは、先にみた知識・技能・批判的思考力を個々人の能力として涵養するだけでなく、他者と協働して行う認識活動の実践のうちでそれらの能力を適切な仕方で活用できることが目指されている。そして知的な徳はこのような他者との認識活動において、適切な批判的な吟味と判断とは何かを絶えず相互に問い直し、調整していく過程を通じて、おのずから身につけられていくものである。

日本ではこれまで様々なメディアリテラシーの授業が行われてきたが（坂本・山脇編著 2021）、ネットリテラシーに特化した教育の事例はまだ少なく、行われていたとしても先述の教科書的な知識の教授が主なものであった。しかし、もしも技術の発展に左右されない汎用性をもつネットリテラシーの涵養を目指すのであれば、身につけた知識や批判的思考力をネット上の具体的な事例に適用し、それを他者とともに検討し合うなかで知的な徳を育む教育が必要である。そして、それは教科の枠にとらわれず、学校においてネット情報を活用する活動のすべてを通じて取り組むべき教育となるであろう。

4．最終目標としての真理の探究

　最後に忘れてはならないのは、ここまでみてきた知識・技能・批判的思考力・知的な徳を発揮させる根本には、「真理への愛」（Zagzebski 2003）がなければならないという点である。

　ネット上の議論では自説を擁護するためにしばしば詭弁のテクニックや誤謬推論が用いられたりするが、そのような場合であれば正しい知識や推論の仕方を身につけることでそれらの論法の誤りを見抜いたり、回避したりすることができる。

　しかし、正しい知識や推論が用いられていればそれでよいかといえば、そういうわけでもない。たとえば、それらの適用の主目的が相手を「論破」して言い負かすことにある場合には、それは有徳な行為とはいえない。なぜなら、その場合は議論の勝ち負けや自分の立場を他者（議論の相手だけでなく観衆も含む）に支持させることのほうが優先されることになり、本当のところ何が正しいのか（真理）を明らかにすることは二の次になってしまうからである。そしてこのように物事の真偽に対して無関心な人々が駆使する知識や批判的思考力は、フェイクな情報を補強し、真実を捻じ曲げてしまうための道具と化す危険性を有してい

る。この点で我々の様々な認識能力の行使は、真理の探究という目的に動機づけられていなければならないのである。

　学校教育の究極目標のひとつは、すべての生徒を真理の探究者にすることである。たとえば教育基本法の第二条で「真理を求める態度」を養うことが教育の目標として実際に掲げられていることからも明らかなように、教育基本法が目指している「人格の完成」のうちには、倫理的な徳だけでなく、知的な徳を備えた人となることも含まれている。そしてこのことは、特別な教科「道徳」の指導要領の内容項目のうちに「真理の探究」が掲げられていることからもみてとることができる。日本の学校教育においては、倫理的なよさ（善）だけでなく、知的なよさ（真理）を目指す人を育てることが求められているのである。

　しかしこのような教育目標は、実際の教育現場においては背景に退いてしまっていて、それ自体が明示的に取り上げられることは少ないように思われる。その点、ネットリテラシー教育はその目標を顕在化させる絶好の機会である。ネット上には通常の授業で扱われる知識と異なり、真偽不明な情報が満ち溢れている。このような不確かな情報と対峙する場面においてこそ、真偽を検証することの重要性や真理を探究することの価値が、単なるお題目としてではなく、切実な実感を伴ったものとして生徒のまえに立ち現われてくるはずである。

　ネット上のフェイクな情報の最大の脅威は、情報が与えてくれる心地よさや面白さが重視されることによって、その情報の真偽に対する関心が薄れていくことにあるともいえる。そしてもしかしたらこのような真理に無関心となる「ポスト真実（post-truth）」の態度は、すでに知らず知らずのうちに多くの生徒のうちに浸透しつつあるのかもしれない。このような流れに抗して持続可能なネットリテラシーを涵養するためには、真理への愛に動機づけられた学習態度を育成することが、遠回りのように見えながら、実のところ一番の近道だといえるかもしれない。

（山田圭一）

第12章
シティズンシップ教育と徳

1. シティズンシップの思想

(1) シティズンシップとは何か

　シティズンシップやその教育の理論を紐解くと、古代から現代に至るまで長い歴史がある[1]。しかし、シティズンシップとは何かと問われれば、まずもって T.H. マーシャルによって国民国家の三つの発展段階との関連で語られた、個人の自由を意味する「市民的権利」、政治参加のための「政治的権利」、広義での福祉を得るための「社会的権利」を挙げることができよう（Marshall & Bottomore 1992）。すなわち、シティズンシップとは第一に法的な「市民権」として理解されてきた。この意味でのシティズンシップは、国や地域の成員としての法的・政治的地位を指すと同時に、市民としての権利と義務を指す。

　しかし、シティズンシップは第二に「市民性」、すなわち、市民の資質や能力、政治や社会に参加するための傾向性を指すこともある（片山2017）。そして、1990年代から今日にかけて発展するシティズンシップやその教育の理論では、第一の意味も関わりながら、主として第二の市民性としてのシティズンシップが理論と実践の双方から注目を集めている。

(2) 市民的共和主義と公民的徳

　シティズンシップの理論を支える思想に「市民的共和主義（civic republicanism）」がある。市民的共和主義はアリストテレスやキケロ、マ

キャベリ、ルソー、コンスタン、アレント、ポーコックといった思想家の伝統を引き継いで展開される思想である。立場による程度の差こそあれ、市民的共和主義は市民が国家を創出・維持することと、この国家から自由を享受することを結びつけてシティズンシップを論じる。その際、シティズンシップに関わる公民的徳（市民的徳）（civic virtue）の重要性を主張している。公民的徳の例としては、積極的に政治参加することや礼節（civility）、道理性（reasonableness）などが挙げられる。

　ここではウィル・キムリッカの分類にしたがって、市民的共和主義の二つの解釈として「アリストテレス的解釈」と「道具的解釈」を見ておこう（Kymlicka 2002, 邦訳 pp. 427-439）。この二つの解釈ではシティズンシップや公民的徳をいかに理解するかに違いが生まれる。

　アリストテレス的な解釈では、国家の創出や維持に関わる政治参加は参加者にとって内在的な価値（＝それ自体で善い価値）を持つ。すなわち、政治的生活をあらゆる私的生活（たとえば、家庭や仕事、芸術、宗教など）の喜びを超えて善きものと考える。この解釈では、シティズンシップや公民的徳とは政治参加に関わる資質や能力であり、政治参加を積極的にしたいと思う市民としての傾向性を指す。そして、政治参加する人びとを「善き市民（good citizen）」として見なすのである。

　一方、道具的解釈では、政治参加に内在的な価値があると主張することを避ける。この解釈では、国家を創出・維持し、個人の自由を守るためにシティズンシップや公民的徳が道具として必要とされる。そのため、シティズンシップや公民的徳は市民の最低限の責任や負担を意味する。またこの解釈は、政治的生活ではなく私的生活に最上の喜びや善さを見出すことを人びとに認め、多様な善き生き方を尊重する。そのため、政治参加を最上の価値としてみなすようなアリストテレス的解釈には批判的な目を向けるのである。

　一般に、市民的共和主義は近代的なリベラリズム（自由主義）の対抗思想として理解されてきた。確かに、アリストテレス的解釈は政治参加

という特定の生き方を善とする点で、生き方の自由を認めるリベラリズムと対立する。他方で、道具的解釈はリベラリズムにも親和的である。また、リベラリズムからも道具的解釈に近い観点から公民的徳の意義を主張する理論も現れている（Galston 1991, pp. 213-237）。

２．シティズンシップ教育とクリック・レポート

シティズンシップ教育で頻繁に参照される動向に、2002 年以降、イングランドの中等教育で必修化された科目「シティズンシップ」の創設がある[2]。イングランドのシティズンシップ教育の普及に貢献したのは、政治学者であるバーナード・クリックを委員長として作成された 1998 年の政府への答申「学校におけるシティズンシップ教育と民主主義の教授」、通称「クリック・レポート」である（Qualifications and Curriculum Authority 1998）。クリックはこのレポートを支える思想として市民的共和主義と、価値が多様化した現代の状況を捉え、それを積極的に受容する立場である多元主義（pluralism）を挙げる（Crick 2000, 邦訳 p. 169）。

クリック・レポートは、シティズンシップとして「社会的・道徳的責任」「コミュニティへの関与」「政治的リテラシー」の三つを挙げ、シティズンシップ教育を通してこれらを育む必要性を訴えている[3]。社会的・道徳的責任は、学校の内外で子どもが集団で活動するあらゆる時に発達させることが目指される。また、コミュニティへの関与は、奉仕活動への参加を通してコミュニティの生活や関心事に関わる中で育まれる。そして政治的リテラシーは、知識やスキル、価値（観）を通して、公共的な生活やそこでの活動の仕方を学ぶ中で身につけられていく。いわば、クリック・レポートが描くシティズンシップ教育は、政治や社会に関する知識の教育とともに、市民としての責任の涵養や実践的な行為の促進、そのためのスキルや価値観の形成を目指しているのである。

クリック・レポートについて徳の観点から重要なのは、身につけるべ

き「価値〔観〕と傾向性」のリストが挙げられている点である。

　　［共通善への関心］［人間の尊厳と平等性への信頼］［対立解消への
　　関心］［共感的な理解に基づいて他者と協力したり、他者のために
　　働いたりする傾向性］［責任ある行動をとる性向：他者や自分への
　　ケア、行動が他者に与えそうな影響の事前予測と計算、想定外や不
　　運な結果に対する責任の受諾］［寛容の実践］［道徳的な規約に基づ
　　く判断と行為］［何らかの見解を主張する勇気］［議論や根拠を踏ま
　　え、意見や態度を変えることに快く開かれていること］［個人の自
　　発性と努力］［礼節と法の支配への尊重］［公平に行為することへの
　　決意］［平等な機会とジェンダー平等へのコミットメント］［能動的
　　シティズンシップへのコミットメント］［奉仕活動へのコミットメ
　　ント］［人権への関心］［環境への関心］

　クリック・レポートは、これらの価値（観）や傾向性を理解し、身に
つけることが「善き市民」や「能動的な市民（active citizen）」に至る
上で必要不可欠であると論じている。実際にはリストのすべてを徳と呼
ぶことはできないかもしれない。しかし、「共感」「ケア」「寛容」「勇
気」「礼節」「公平」といった徳に関するキーワードがあることは確かで
ある。さらに、クリック・レポートが市民的共和主義を背景思想に持つ
点を踏まえれば、このリストを善き市民が持つ公民的徳やそれと関連す
るものとして捉えることも一定程度可能であると言えるだろう。

3．日本におけるシティズンシップ教育

(1) シティズンシップ教育への注目

　日本のシティズンシップ教育を考える上で、教育基本法第十四条は重

要な意味を持つ。その第一項は「良識ある公民として必要な政治的教養は、教育上尊重されなければならない」としている。伝統的には、小中学校の社会科や高等学校の公民科が公民教育や政治教育の役割を担ってきた。昨今では、2015年の公職選挙法等の一部改正に伴う18歳以上からの選挙権導入を受けて、主権者教育が注目されたり、2022年度から高等学校の公民科に新科目「公共」が創設され、必修化されたりした。

　公民教育や政治教育、主権者教育と並行して日本でシティズンシップ教育が注目されるようになった背景の一つに、2006年の教育基本法の改正がある（唐木2015）。ここで新たに書き加えられた第二条「教育の目標」には、「三　正義と責任、男女の平等、自他の敬愛と協力を重んずるとともに、公共の精神に基づき、主体的に社会の形成に参画し、その発展に寄与する態度を養うこと」というものがある。この目標へのアプローチを模索するのと相まって、先述のイングランドの「シティズンシップ」の必修化を含む他国の教育が次々と紹介されるようになった。

　日本におけるシティズンシップ教育についてしばしば言及されるのは、2006年に経済産業省の「シティズンシップ教育と経済社会での人びとの活躍についての研究会」が発表した「シティズンシップ教育宣言」である（経済産業省 2006a）。この宣言は国内外のシティズンシップ教育の実践を研究し、作成された（経済産業省 2006b）。「シティズンシップ教育宣言」は、シティズンシップを「多様な価値観や文化で構成される社会において、個人が自己を守り、自己実現を図るとともに、よりよい社会の実現に寄与するという目的のために、社会の意思決定や運営の過程において、個人としての権利と義務を行使し、多様な関係者と積極的に（アクティブに）関わろうとする資質」として定義している。そして、このシティズンシップが発揮される三分野として、「公的・共同的な活動（社会・文化活動）」「政治活動」「経済活動」を挙げる。さらに、シティズンシップを発揮するために必要な能力として「意識」「知識」「スキル」を示し、次の整理を行っている。

意識…社会の中で、他者と協働し能動的に関わりを持つために必要
　　な意識：〔自分自身に関する意識〕〔たとえば、向上心、探究心など〕
　　〔他者との関わりに関する意識〕〔たとえば、人権・尊厳の尊重など〕
　　〔社会への参画に関する意識〕〔たとえば、法令・規範の遵守など〕
　知識：〔公的・共同的な分野での活動に必要な知識〕〔政治分野での
　　活動に必要な知識〕〔経済分野での活動に必要な知識〕
　スキル…多様な価値観・属性で構成される社会で、自らを活かし、
　　ともに社会に参加するために必要なスキル：〔自己・他者・社会
　　の状態や関係性を客観的・批判的に認識・理解するためのスキ
　　ル〕〔情報や知識を効果的に収集し、正しく理解・判断するため
　　のスキル〕〔他者とともに社会の中で、自分の意見を表明し、他
　　人の意見を聞き、意思決定し、実行するためのスキル〕

　そしてシティズンシップ教育は、以上の能力を育むことを通して、
「市民一人ひとりの権利や個性が尊重され、自立・自律した個人が自分
の意思に基づいて多様な能力を発揮し、成熟した市民社会が形成される」ことを目指すものとして位置づけられている。

(2) 東京都品川区の市民科

　このように日本でもシティズンシップ教育が注目される中、様々な実践が行われるようになっている。有名なものには、お茶の水女子大学附属小学校や京都府八幡市、神奈川県立高等学校の実践がある。ここでは、東京都品川の「市民科」に注目しよう。品川区では2006年度より道徳、特別活動、総合的な学習の時間を統合し、独自の教科書を用いて小中一貫教育として市民科が行われている[4]。以下の内容は『品川区立学校教育要領』に基づく（品川区教育委員会 2018）。
　品川区の市民科は、次の教育目標を掲げている。

教養豊かで品格ある人間形成を目指し、社会における規律・規範を重んじ、自己抑制力とそれを支える倫理観・道徳観をもち、自分自身について考え、常に自己変革を図っていく資質と能力を育てる。また、社会の一員として自立し、社会に積極的に関わるために、自らの社会的役割を自覚して発信・行動し、社会の発展に貢献しようとする資質と能力を育てる。

　ここで注目したいのが「資質」という言葉である。市民科では、資質を「その人のもつ性質・才能など、個人の潜在的な可能性」とし、「特定の授業内に単独で扱うことで高まるのではなく、具体的な行動実践の中で高まる」ものと考え、次の7つを挙げている（品川区教育委員会 2020b, p. 10）。これらは徳としては提示されてはいないが、市民の「さま」、いわば、傾向性を指し示す点で公民的徳との関連が示唆される。

　　主体性：自分の考えや立場をはっきりもち、行動するさま
　　積極性：他者や集団・地域社会などの対象に進んで働きかけるさま
　　適応性：様々な場面や状況、条件、環境にうまく合わせるさま
　　公徳性：規範などの社会生活の中で守るべき行為の善悪を判断し、
　　　　　　善の行動をするさま
　　論理性：問題の本質をとらえ、筋道をたてながら考え解決するさま
　　実行性：目的に向かって、正しい方法を選択し実行するさま
　　創造性：自分の力で、よりよいものを創り出すさま

　市民科では9年間の一貫教育を三段階に区別し、それぞれの段階に合った内容を厳選し、重点的に指導している。1年生から4年生では主として主体性・積極性・適応性に、5年生から7年生（中学1年生）では主として適応性・公徳性・論理性に、8年生（中学2年生）から9年生（中学3年生）では実行性・創造性に焦点が当てられている。

詳細に扱うことはできないが、市民科では 7 つの資質が発揮される 5 つの領域を設定し、そこで身につけるべき 15 の能力が示されている。資質と能力は切り離れたものではなく、15 の能力を身につけることで、関連する資質が身につくとされる（品川区教育委員会 2020b, p. 10）。そのため、教科書は 15 の能力に対応した学習内容で構成されている。指導については、「把握」「認識」「習得」「実践」「深化」の 5 つのステップを通して行うとされ、教科書もそのように展開されている。

　先述の通り、市民科は道徳科を統合しているため、政治や社会への参加を促すだけでなく、人間形成や倫理観・道徳観の育成も重視する点に特徴がある[5]。たとえば、公徳性の涵養は、規範を守ることで社会維持を可能にするとともに、市民間の信頼関係を築き、その中で行為することを可能にする。公徳性をはじめとして、7 つの資質を公民的徳と見なすことができるとすれば、市民科をシティズンシップ教育と徳の教育を結びつけた実践として見なすことができるかもしれない。

4．シティズンシップ教育と徳を繋ぐ

　実は、ここまで紹介してきたシティズンシップ教育では、徳という言葉そのものはほとんど使われていない。クリック・レポートではシティズンシップに関わる「責任」を「政治的・道徳的徳」として紹介してはいるが、これ以上の言及はない（Qualifications and Curriculum Authority 1998, 邦訳 p. 125）。また、品川区の市民科も道徳科を含んでいるということに留まっている。しかし、本章で確認してきたように、徳の観点はシティズンシップ教育の中にも一定程度見出すことができ、また、この教育が目的とする市民形成において徳の観点が重要な役割を果たすと考えられる。

　シティズンシップ教育に関連する徳としては、先に触れた公民的徳がある。クリック・レポートにおける「価値〔観〕と傾向性」や品川区の

市民科における「7つの資質」には、公民的徳と見なせるものが多く含まれていた。この点を踏まえると、シティズンシップ教育という市民形成のための教育には、徳の涵養に基づく人間形成のための教育が伴うことが予想される。こうした解釈は、クリック・レポートが目指す価値観や傾向性の形成、品川区の市民科が目指す「教養豊かで品格ある人間形成」といった、シティズンシップ教育における人間性へアプローチを強調して理解するものである。

　ここで重要なのは、シティズンシップ教育がいかなる人間形成を目指しているかという点である。なぜなら、市民的共和主義のアリストテレス的解釈と道具的解釈の違いにも見られたように、公民的徳の解釈によって教育の意味に変化が生じるからである。たとえば、アリストテレス的解釈のように、公民的徳を発揮して政治参加することに最上の価値を見出すような教育は、特定の生き方を善とみなすという点で、強い意味での人間形成を目指している。しかし、現代の感覚からすれば、アリストテレス的解釈の教育観は受け入れられづらいだろう。それはともすれば押しつけ的に感じられてしまう。

　こうした観点から見た時、クリック・レポートや品川区の市民科は道具的解釈に近いように思われる。つまり、シティズンシップを社会や市民に必要な道具と見なすことで、その教育の正当性を担保している。道具的に解釈されたシティズンシップ教育は、公民的徳に基づいて個々人が自由に広く多様な善き生き方を追求することを推奨するという点で、弱い意味での人間形成を目指していると言えよう。

　しかし、道具的に要請されるシティズンシップ教育も弱いとはいえ、公民的徳という特定の傾向性を育む教育であることは指摘しておく必要がある。そのため、弱い意味での人間形成を目指す教育であっても、市民としての必要を超えて、個人の生き方にも影響を与える可能性がある（cf. Macedo 1991, 邦訳 p. 260）。つまり、シティズンシップ教育が育む公民的徳が単に道具的に市民の必要に適うだけでなく、これらの徳の実

践が個人の生活の中で価値を持つようになる可能性を否定できないのである[6]。

　シティズンシップ教育と徳の関係をめぐるこうした議論は、教育に対して「誰にとって必要なシティズンシップか」「誰にとって必要な公民的徳か」と問い直すことを求める。シティズンシップや公民的徳の必要が政治や社会の視点でのみ語られるとき、その教育は個々人にとっては具体的な意義が見えづらくなるだろう。しかし、シティズンシップや公民的徳の必要が「私」の人生と結びついたとき、その教育は本当の、いわば、実存に関わる意義を帯びるようになる。そうだとすれば、シティズンシップ教育の実践では、市民形成を超えて人間形成に関与することを意識するべきであり、そのときには徳の観点が重要になってくる。こうした考え方は公民教育や政治教育、主権者教育とも無縁ではないだろう。

注

1　シティズンシップ論については Heater（1999）、シティズンシップ教育論については小玉（2003）を参照。

2　イングランドのシティズンシップ教育については北山（2014）を参照。

3　クリック自身は特に政治的リテラシーを重視している（Crick 2000, 邦訳 pp. 87-106）。また、政治的リテラシーを挙げたことがクリック・レポートの最たる特徴であるという見方もある（小玉 2016, pp. 164-176）。

4　品川区の市民科の教科書は2006年に刊行されて以来、2011年、2020年に改訂が行われている。本章では2020年に刊行された教科書を参照した（品川区教育委員会 2020a）。

5　品川区の市民科の学習内容と道徳科の内容項目の対応は品川区教育委員会（2020b, pp. 12-13）を参照。

6　このように理解された弱い意味での人間形成は、アリストテレス的解釈に近いように思われるかもしれない。しかし、これらの可能性はあくまでも道具的に要請されたシティズンシップ教育の「結果」であり、教育目的の設定の仕方がアリストテレス的解釈とは異なっていることが重要である。

　　　　　　　　　　　　　　　　　　　　　　　　　　（中西亮太）

第13章
クリティカル・シンキング教育と徳

1. クリティカル・シンキング教育の歴史的背景

　クリティカル・シンキングの能力は、仕事、政治、経済、法律、医療など様々な社会生活を営むうえで不可欠なものであると指摘されている（e.g., 楠見・道田編 2016）。たとえば、マスメディアやSNSでは、政治・選挙、経済のフェイクニュースから著名人に関するデマまで様々な偽情報が飛び交っている。このような問題のある認識的状況を考えると、偽情報に惑わされず、理由や証拠に基づいて自分自身で考えるクリティカル・シンキング能力はますます重要となっているように思われる。するとクリティカル・シンキング能力の育成は、子どもが適切な証拠を収集し、権威の話しを鵜呑みにせずに理由を評価したり、他者の異なる見解や批判に耳を傾けたりすることで自律的な探究者としてよく生きるために重要な教育実践の一つであると考えられる。

　本章の目的は、クリティカル・シンキング能力と徳との関係について検討することである。まず、本節の残りでは、クリティカル・シンキング能力の歴史的背景を概観する。第2節では、クリティカル・シンキング能力と知的徳との関係について説明する。第3節では、クリティカル・シンキング能力に関係する知的徳の育成について紹介する。第4節では、共同探究としてのクリティカル・シンキング教育という考え方を紹介し、探究の徳について説明する。

　まず、「クリティカル」の意味を確認しよう。この語は古代ギリシア語で "krinein" に由来し、おおよそ「物事を細かく吟味する」ことを

意味する。私たちがある料理を作る際、どの材料をどのような手順で調理するのかを吟味するように、真理を獲得する際には、信頼性の高い様々な情報ソースから情報を集めて分類したり、自分の考えを擁護するための理由を考えたりする。あるいは、その情報の背景にある前提を明らかにしようとする。「クリティカル」の訳語として使用される「批判的」という日本語には「相手を（一方的に）非難する」や「欠点をつく」というニュアンスも含まれることがあるが、クリティカル・シンキングはそのような非難を含意しない。

　クリティカル・シンキング能力の発想は、西洋では古代ギリシアの哲学者ソクラテスに遡る（Davies & Barnett, 2015; Haber, 2020）。ソクラテスは、吟味された人生こそ生きるに値する人生であると考え、真理の獲得を目指して多様な人々との対話に従事した。同じ頃、中国の孔子など、世界各地で形而上学や倫理学が生まれ、そういった理論が真かどうか吟味するための実践が広まった（本書第5章参照）。

　クリティカル・シンキング能力はやがて、19世紀米国で活躍した哲学者ジョン・デューイの反省的思考に関する思想によって、真理を獲得するためのスキルや能力としてだけではなく、民主主義社会の一員として人々がよく生きるために重要な思考様式として捉えられるようになる（Zechmeister & Johnson 1992, 第1章）。デューイは、同時代の哲学者パースやジェイムズのプラグマティズム思想を踏まえて、1910年の『思考の方法（*How We Think*）』において、人々が日々の生活のなかで疑いをもつことから出発し、十分に正当化された信念を獲得することでその疑いを解消する探究活動のあり方を明らかにした（Dewey 1910）。デューイにとって反省的思考とは、疑いを解消するために証拠を集め、それを吟味したうえで正当化された信念を真として受容し、相矛盾する証拠や理由を発見すると再度その信念を篩にかける、ということを繰り返す思考のあり方のことである。デューイが用いた「反省的（reflective）」という用語は「クリティカル」に置き換えられ、現在のクリティ

カル・シンキングの原型となっている（樋口 2013）。

　このように、デューイは反省的思考を市民がよく生きるために必要な特性—ある種の徳—と捉え、教育の文脈でも子どもがこの反省的思考を発揮できるようになることを重視した。当時の教育では、子どもが教師の説明を暗記し、知識を獲得するような実践が広く行われていた。これに対して、デューイは、子どもが自分の生活のなかで当たり前になっていた考え方に疑いをもち、みずから考えることができる探究活動を取り入れ、子どもが自分で思考することを教育目的とした。

　クリティカル・シンキングの研究は第二次大戦後の 1970 年代から急速に発展し、それ以降、現在まで、哲学、心理学、批判的教育学などの様々な分野で多様な側面が研究されている（Davies & Barnett 2015；道田 2003；吉田 2002）[1]。まず、1970 年代に非形式論理学の研究が発展するなかでクリティカル・シンキングは、論証の説得力を評価するために不可欠なスキルとみなされた。形式論理とは、論証を構成する前提や結論を記号表現に置き換え、推論の妥当性を検討する論理のことであり、非形式論理とは、たとえば類推など言語表現に見られる内容や関連性に基づいて行われる推論のことである。

　1980 年代以降、北米圏の大学を中心に授業のなかでクリティカル・シンキング能力が教えられるようになると、クリティカル・シンキング能力の教育的側面の研究に重点が置かれるようになる。子どもが教育において身につけるべきクリティカル・シンキング能力は、学生が誤謬を自分で見極め、論証を適切に評価するスキルだけではなく、それらのスキルを適切な状況で用いようと動機づけられる性格を含む（e.g. Ennis 1987）。というのも、学習したクリティカル・シンキング能力は、子どもが学校教育以外の生活において転移（transfer）できるようになることが重要だからである。ここで「転移」とは、学習したクリティカル・シンキングの能力を様々な教科学習に応用したり、学校生活以外の機会において使用したりすることである。このように、クリティカル・シン

キング能力は、子どもが学校生活とは別の場所で用いたり、生涯にわたって発揮できたりする性格の側面をもっている。

　この時期の研究では、以上の教育研究と並行してドイツにおける批判理論やマルクス主義、現象学を背景に批判的教育学が興隆してきた。批判的教育学は「批判」を、物事を細かく吟味するという意味ではなく、人々の信念の背景に覆い隠されている偏った前提を明るみに出す意味でのクリティークとして捉える。このような教育学は、人々の考え方の背後にあるかもしれない白人至上主義や学校での権力関係などを明らかにすることで、子どもが社会の抑圧から自由になり、社会を変革する主体となる教育を目指したのである（Cowden & Singh 2015）。

2．クリティカル・シンキング能力と徳

　本節では、クリティカル・シンキング能力と知的徳の関係について見てみよう。前節で示唆したように、クリティカル・シンキング能力は、推論や論証の評価などに関わる卓越したスキルと、スキルを適切に運用しようとする卓越した性格[2]という異なる二つの要素から成る。スキルと性格の区別は、分類法や用語法は学者ごとに異なるものの、広く受けいれられている（e.g., Bailin & Siegel 2003; Paul 1982）。

　クリティカル・シンキング能力を構成するスキルとは、具体的には、形式論理や非形式論理を用いて論証の妥当性を正確に見積もったり、証拠や理由の説得力を評価したり、自分の考え方を証拠や理由に基づいて表明したりするスキルのことである。たとえば、非形式論理の一つに誤謬（fallacy）推論がある（e.g., Damer 2013; Tindale 2007）。誤謬とは、一見もっともらしく見えるが、実際には妥当ではない論証のことである。今Ａさんが「東京都のコロナ感染者数が先週から急増したそうだ。そうすると日本の感染者が再び増加傾向にあるようだ」と判断したとする。しかし、東京都のコロナ感染者数が急増したことが事実であるとし

ても、そのことから日本全体の感染者数が増加傾向にあるかどうかはわからない。ひょっとすると、先週、東京で大きな国際的イベントがあり、そこに招待された外国の来賓客が集団で感染していただけかもしれない。Aさんは「早まった一般化」と呼ばれる誤謬を犯している。このような誤謬の知識や運用能力がクリティカル・シンキング能力のスキルである。

　次に、クリティカル・シンキング能力に関わる性格とは、真理を獲得するために理由や証拠に基づいて考えようとする人の知的な習慣、傾向性、動機、性格などのことである（e.g., Siegel 1988）。たとえば、インターネット上の記事を読んで情報を入手した場合、私たちはその記事のライターが信頼できる人物かどうか確認しようとしたり、必要に応じて別の書籍で真偽を確認したりするように動機づけられるかもしれない。あるいは、他者と議論するなかで説得的に思える批判や反例が提示された場合には、それらを正当に評価しようとしたり、場合によっては自分の見解を修正しようと促されたりするかもしれない。

　理想的なクリティカル・シンカーは、以上のようなスキルと性格のどちらも卓越しているような人物のことである。徳認識論では、卓越したスキルは信頼性主義の知的徳（intellectual virtue）の観点から、卓越した性格は責任主義の知的徳の観点から説明される。ここで「知的徳」とは、適切なパフォーマンスを発揮することで真理や知識を獲得することに繋がる卓越した諸特性のことである。そのなかで信頼性主義の知的徳は、真理を獲得するための知覚能力、記憶力、推論能力などが安定して真理を生みだす点で卓越している特性を指す。たとえば、先ほどの早まった一般化の誤謬を犯したAさんの事例を思い出そう。Aさんが大学の授業を通じて様々な誤謬に関する知識を獲得し、その知識を運用する十分な練習を積んだ結果、早まった一般化を犯すことなく、また藁人形論法のように相手の議論を意図的に矮小化して理解したりすることなく、正確に評価できるようになったとする。この場合、Aさんのクリ

ティカル・シンキング能力のスキルは信頼性主義的な知的徳である。

　それに対して責任主義の知的徳は、真理を獲得したり、理解を深めるための認識実践に責任をもって関わろうとすることに動機づけられたり、価値を見いだせる特性のことである。たとえば、知的忍耐力のある人物は、たとえ深刻な批判に直面しても、自分の見解をすぐに手放すのではなく、その批判や疑問の説得力を見積もり、自分の見解を維持するほうが真実なのか、それともその見解を部分的に変更したほうがよいのかを熟慮するだろう。このような知的忍耐力は、真理や知識を生み出したり発見したりするために必要なチャレンジに対して逃げださず、粘り強く考える点で責任主義的な知的徳である。

3．クリティカル・シンキング能力に関わる　　知的徳の育成

　本節では、クリティカル・シンキングの育成に焦点をあて、教育の文脈では知的徳としての卓越したスキルと性格のどちらをいっそう優先するべきなのかを検討する。

　ポールは、理由や証拠を評価できるスキルを公正な仕方で発揮できることを「強い意味でのクリティカル・シンキング」と呼び、卓越したスキルがあってもそれを自分の好みや都合の良い仕方でしか発揮しない「弱い意味のクリティカル・シンキング」と区別したうえで、教育では強い意味でのクリティカル・シンキングの獲得が推奨されると論じている（Paul 1982）。というのも、後者の場合、クリティカル・シンキング能力のスキルは十分であるとしても、それを不正な仕方で用いることができるからである。たとえば、公正な性格をもたない人物は、たとえ卓越したスキルを持っていても、自分の贔屓にしている団体にとって不利な証拠や事実については見て見ぬふりをするかもしれない（酒井 2017）。

　ポールは、子どもが強い意味でのクリティカル・シンカーになるため

に、教育ではクリティカル・シンキング能力に必要な知識やスキルの上達を目指すより、子どもがどのような人物となるのかを重視するべきだと主張している。ポールは、強い意味でのクリティカル・シンカーになるために身につけるための責任主義的な知的徳として、知的謙遜、勇気、共感、誠実さ、忍耐、自信、自主性という7つを挙げる（道田2005）。たとえば、共感は、理由や証拠を評価することに精通した人物がその能力を他者のニーズを汲み取ったうえで、その人に必要な真理を発見しようとするために用いることである。特に小さい子どもの教育では、このような責任主義の知的徳を身につけることが重要なのである。

　ベアは、ポールとは異なる視点から責任主義的な知的徳の育成が教育の主目的であると主張する（Baehr 2013; 2019）。ベアによれば、責任主義的な知的徳の獲得は、子どもが学びの楽しさを知り、それを通じて学習に動機づけられ、生涯を通じて学習を続けようとする人物になる点で重要である。たとえば、子どもが知的な謙虚さを身につけることで、成長してからの自分の能力を過信することなく、他者の批判を傾聴しようとする人物になるだろう。このように、責任主義的な知的徳の育成は、子どもが真理や知識に価値を見いだす人物となるという意味で人格形成に関わる価値をもっている（Baehr 2011, p. 102）。

　しかし、責任主義的な知的徳としてのクリティカル・シンキング能力の育成を優先させる以上の議論に対する批判もある。たとえば、子どもが卓越した性格を身につけるスタンダードな教育方法は、知的に有徳な人物に直接に関わり、その人物を手本として見習うことであるとされる（Porter 2016; Sato 2015）。しかし、お手本となる人物に関わるだけでは、クリティカル・シンキング能力の発揮が求められるのはどのような場面なのか、そこでどのような行為が求められるのかといった具体的な知識や原則を子どもに十分に理解させることは難しい（Kotzee, et al. 2021）。子どもは成長するにつれて科学的探究などに自律的に従事し始めるが、冒頭で述べたように、マスメディアやSNSにはフェイクニュー

スのような偽情報も多く含まれている。以上のことを考えると、子ども
がそういった誤情報に惑わされず、自分で複雑な認識実践に従事できる
ようになるために、その準備として信頼性主義の知的徳としてのスキル
を十分に磨くほうが重要と言えるのかもしれない。

　別の批判は、偏見は潜在的バイアスとして非反省的に機能しうること
から、責任主義的な知的徳としてのクリティカル・シンキング能力を育
成するだけでは潜在的バイアスとしての偏見を完全に免れることができ
ない、というものである（e.g., Zechmeister & Johnson 1992, 第4章；
楠見・道田編 2016）。たしかに、私たちは社会で生まれ育つなかで、特
定の社会規範や制度に深く浸透した偏見に盲目になりやすい。自分の偏
見に気づき、偏見を取り除こうとするためには、偏見に対する無知に自
覚的であろうとする性格を養うだけではなく、潜在的バイアスとしての
偏見の特徴に関する十分な知識を持つことが必要であるだろう。

4．共同探究としてのクリティカル・シンキング

　近年、共同探究としてのクリティカル・シンキング教育という考え方
が提案されている。本節では、この考え方を紹介したうえで、探究に関
わる徳について説明する。

　ベイリンとバターズビーは、従来のクリティカル・シンキング教育
が、個々の議論の論証構造を同定したり、推論の妥当性を検討したりす
ることに偏りがちで、その議論の置かれている文脈の重要性に十分な注
意を向けてこなかったと主張する（Battersby & Bailin 2018）。私たち
が実際の生活で直面する問題は、それが置かれている文脈まで考慮に入
れなければ批判的に評価したり深く理解したりすることができないもの
が多い。たとえば、日本における子どもの少子化にどのように対応する
べきなのかという課題に対して、Bさんは、母親が妊娠してから出産す

るまでの検査や入院などにかかる費用に対して政府から一時金を支給するべきだと回答したとする。Bさんの回答は、出産までの医療費が高いのが理由で子どもの出産を控える家族が増えており、この問題を解消するために出産時に一時金を支給する、というものである。しかし、少子化への対応を求める課題を批判的に考えるためには、この回答の背景にある議論の構造を明確にするだけでは十分ではないだろう。たとえば、妊娠から出産までの高い医療費が多くの家庭で子どもを産むことを控える主要因になっているというBさんの前提は妥当だろうか。仮にこの前提が正しいとしても、一時金の支給は最も有効な対策なのだろうか。そもそも日本の少子化は必ず解消されなければならない問題なのだろうか、ひょっとすると日本への移住を望む人々を柔軟に受け入れる移民政策の整備を優先すべきなのではないのだろうか。このように、上記の課題について批判的に考えるためには、少子化についての日本の特有の状況、結婚や家族のあり方の変化、政府の歳入源など、課題に関係する様々な文脈を考慮に入れなければいけないだろう。

　このような課題について批判的に検討するためには、他者と相互のやり取りをすることで中心的な論点を浮き彫りにしたり、別のより有力な回答の可能性を発見したりできる能力が役に立つだろう。ブレアとジョンソンやウォルトンは、私たちにとって重要な課題が他者との相互のやり取りのなかで議論されることが多いことを重視して、論証についての弁証法的な（dialectical）アプローチを提案する（Blair & Johnson 1987; Walton 2006）。ベイリンとバターズビーによれば、この弁証法的なアプローチを踏まえたクリティカル・シンキング教育は、子どもに課題の論証構造を把握させるだけではなく、その課題に対する様々な議論や見解を提示させながら共同で真理やより良い解決を目指す点で共同探究である。

　クリティカル・シンキング教育への探究的アプローチは、このように具体的な課題に取り組むものであるが、どの探究にも共通する指導的な

問いがある。第一に、課題は何か、第二に、どのような主張や判断が問題となっているのか、第三に、課題に対する様々な考え方を支持する理由や議論はいかなるものか、第四に、この課題の文脈は何か、第五に、理に適う判断に至るために様々な理由や議論をいかに評価したらよいか。共同探究としてのクリティカル・シンキング教育は子どもに以上のような問いまで考えさせるものだとされる。

　クリティカル・シンキング教育を批判的な共同探究と見なすことで、徳についても新たな側面が見えてくる。それは、一つの問題に対する様々な見解の長所や短所を公正に評価するオープン・マインドや、他者の見解を解釈するうえでの寛容さの重要性である。ハンブリーによれば、こうした徳の基礎となるのは、批判的な共同探究に必要なスキルを適切に用いて、理にかなった判断を下そうとする「探究しようとする意欲（willingness to inquire）」である（Hamby 2015）。このように、共同探究としてのクリティカル・シンキング能力では探究にかかる知的徳がいっそう重要になるのである。

注

1　R.W. Paul による「Critical thinking movement: 3 waves」という 2011 年の以下の記事も参照。http://www.criticalthinking.org/pages/critical-thinking-movement-3-waves/856
2　パスモアはこのような性格を「クリティカル・スピリッツ」と呼んで感情的側面の重要性について論じている（Passmore 1967）。

（佐藤邦政）

第14章
哲学対話と徳

1．哲学対話とは何か

　対話型の教育やアクティブラーニングに関心を寄せている読者の中には、「哲学対話」という言葉を耳にしたことのある人も一定数いるだろう。あるいは「子どもの哲学」「こども哲学」「てつがく」「p4c」「哲学カフェ」といった言葉であったかもしれない。これらは2010年代の半ば頃から、日本の学校教育の文脈でも語られる機会の増えてきた教育実践の名称である。これらの実践は、アメリカの哲学者マシュー・リップマンがアン・マーガレット・シャープらとともに1960年代末から70年代にかけて開発した「子どものための哲学（Philosophy for Children: P4C）」を主な源流として発展してきたものだが、神戸和佳子と廣畑光希も指摘しているように「特に日本の学校においては複数のルーツから生まれた実践が混ざり合って発展しており、特定の提唱者や定まった手法があるわけではないため、全体像が捉えづらいという点がある」（神戸・廣畑 2023, p. 217）。本章ではさしあたって、日本の学校教育の文脈に限定する限り、上記の名称の下で行われている教育実践の間に顕著な理念上の相違はないことを付言した上で、それらを包括する用語として「哲学対話」を用いることにする。

　哲学対話をどのような対話の実践として捉えるかも、実践者・研究者によって力点の置き方が少しずつ異なっているが、その最大公約数を取るならば、「答えが必ずしも一つに定まるとは限らない問いを巡って、子どもも大人（教師）も一緒になって対話を行い、多様な意見を聞き合

いながらお互いに問い合って意見を述べ合う中で、ゆっくり、じっくりと考えを深めていく活動」というような説明になるだろう。ポイントは「考えを深める」こと自体を目的とする対話実践であるということである。そうした共同探究的な対話の体験を繰り返すことで、子どもたちが質問、推論、仮説形成、傾聴といった、他者とともに思考し探究する上で必要なスキルや態度を自然に身につけていけるようにすることが、教育現場で行う哲学対話の最大のねらいである。

　以上のような探究的な対話の場（リップマンはこれを「探究の共同体（Community of Inquiry）」と呼んだ）を教室の中に作り出すために、哲学対話の実践は一般的には以下の5つのステップを踏んで行われる（土屋 2019, pp. 192-217）。①教師も子どもも一緒にお互いに顔を見合える体勢で座る。②考えの素となる素材・教材（絵本や映像作品など）をシェアする。③今回の授業で考える「問い」を子どもたち自身が作る。④教師がファシリテーターを務めて「問い」を巡る対話を行う。⑤対話のふりかえりを行う。ただし、哲学対話は必ずこの5つのステップに沿って進めなければならないということではまったくない。哲学対話は「方法」ではなく、子どもたちが安心して自由に考え対話できる空間を教室の中に作り上げていくという「理念」の共有によって結びついた教育実践の総称であり、それゆえ「正式」な実践法も「唯一」のマニュアルも存在せず、むしろ上記の理念の下で行われる雑多な実践の集積から構成されているというのが実態に即しているだろう。

　海外では「P4C」「探究の共同体アプローチ」などと呼ばれることの多い哲学対話は、日本国内では 2000 年代における関西圏や宮崎県における先駆的実践期、2010 年代における首都圏の国立・私立学校における継続的実践期を経て、現在は全国各地の一般的な公立小中高校でも試みられる普及期の段階に入ってきた。次節で見るように、近年では小中学校の「特別の教科　道徳」（以下「道徳科」と略記）をはじめとして、小学校国語科や高校公民科といった教科教育の枠組みの中で取り組

まれるケースも増えてきた。また、2018年に改訂された現行の高等学校学習指導要領が、公民科「倫理」の「内容の取扱い」の中で「哲学に関わる対話的な手法などを取り入れた活動」に取り組むことを明記した影響もあり、2022年度より新たに開設された公民科の新教科「公共」においては、2022年4月の時点で、全8社・12冊にのぼる検定教科書のうち5冊の教科書で哲学対話が紹介されている[1]。こうした現状を踏まえると、哲学対話は今後の日本の学校教育の中で、一般的なアクティブラーニングの手法の一つとしてさらに幅広く取り組まれるようになることが見込まれる。

2．哲学対話と道徳教育

　現在の日本の学校教育の中で哲学対話が最も盛んに取り組まれている領域の一つは、小中学校における道徳科である。その大きな要因と考えられるのは、文部科学省が道徳科の新設（いわゆる「道徳の教科化」）に伴って、小中学校の道徳教育を「答えが一つではない道徳的な課題を一人一人の生徒が自分自身の問題と捉え、向き合う「考える道徳」、「議論する道徳」へと転換を図る」（文部科学省 2017d, p. 2；2017g, p. 2）ことを明確にしたことである。学習指導要領の『解説』は、「多様な価値観の、時に対立がある場合を含めて、誠実にそれらの価値に向き合い、道徳としての問題を考え続ける姿勢こそ道徳教育で養うべき基本的資質である」（文部科学省 2017d, p. 2；2017g, p. 2）としている。これを受けて日本学術会議は、「あるテーマや主張に対する、根本的に批判的で（根拠を問い直す）、反省的で（自分の行動や思考方法の足元を問い直す）、対話的な思考としての哲学的思考を道徳教育に導入することが有効」であり、それゆえ「「考え、議論する」道徳を正しく推進するためには、さらに哲学的思考と哲学対話を道徳科の中に深く導入する必要がある」（日本学術会議哲学委員会哲学・倫理・宗教教育分科会 2020,

p. 16）とする報告書を取りまとめた。こうしたことを踏まえて、道徳科の検定教科書の中で哲学対話の活動とその方法が紹介されるようになったり（渡邉・押谷ほか 2021, p. 92）、教科書教材を用いて哲学対話を行う道徳科の授業づくりの研究[2] が行われるようになったりする流れが形成され、哲学対話は目下、「考え、議論する」道徳教育の具体的な方法論の一つとして小中学校教育の中で注目を集めつつあるのである。

　さて、哲学対話が道徳教育にも応用可能な教育実践であることは、リップマンもたびたび強調していたことであった（Lipman, et al. 1980, 邦訳 pp. 267-352）。リップマンにおける哲学対話教育の第一の目的は、あくまでも思考力の育成であったが、道徳性を身につけ適切な道徳的判断を下せるようになるためには、様々な思考のスキルを身につけることも必要不可欠であると彼は考えていたからである。それはすなわち、個別の状況における道徳的特徴を正しく見抜くスキルであったり、道徳的な行為の結果を予想して比較検討するスキルであったり、道徳的状況の中での自分の役割を正しく認識するスキルであったり、自らの行為がどのような道徳的な問題や帰結を引き起こすのかを想像するスキル（道徳的想像力）であったりする。こうした思考のスキルを修得する上では、複数の道徳的価値が混在・対立していたり、一見自明に見える道徳的原則がうまく機能しなかったりする個別具体的な文脈を教材を通して子どもたちに示して、結論をあらかじめ定めることなく他者と協力し合って自由に思考する哲学対話の体験を積み重ねることが重要であるとリップマンは考えていた。

　またリップマンは、そもそも子どもたちが道徳的な価値葛藤（ジレンマ）に気づいてそれに真剣に悩むことができるためには、論理的な首尾一貫性に関する認知上のスキルと、矛盾を避けて整合的で一貫した生き方を希求する人格的な特性を身につけていなければならないと考えていた。この意味で彼によれば、倫理の教育を論理の教育（思考力の教育）から切り離すことはできないのである。

哲学対話を繰り返し、教室が探究の共同体として成熟するにつれて、道徳的な問題について「考え、議論する」ことは単なるゲームではなく、意義のある重要なことであるという雰囲気が醸成されるようになる。対話の中で自分とは異なる価値観に触れ、自分一人では思いもよらなかったような考え方に出会い、自分が自明視していた考え方の中に誤った推論や偏った前提が含まれていることがあらわになる体験を繰り返すことで、思考が「深まる」ことを実感するようになると、最初のうちはふざけたりシニカルな態度を取ったりしている子どもたちも、次第に真剣に探究に取り組むようになる。こうして、様々な道徳的価値についてねばり強く誠実に「向き合い」、「考え続ける」姿勢が育まれる。また、そうした探究を通して道徳的思考のスキルを獲得していくことによって、様々な場面に応じて善悪を判断し、機に応じた道徳的行為を選択するための「道徳的な判断力」を高めていくことができるようになるのである。

3．哲学対話と知的徳の涵養

　哲学対話が道徳教育にも応用可能な教育実践であり、現に国内でも「考え、議論する」道徳教育の手法として注目されつつあることを前節で見た。ただ、本章冒頭で述べたように、そもそも哲学対話は答えが必ずしも一つに定まるとは限らない問いを巡って共同探究的な対話を行い、それによって他者とともに思考し探究する上で必要なスキルや態度を身につけることを目指すものである。そうであるならば、そうした教育実践は道徳教育よりもむしろ知的徳の涵養の方により直接的に役立つのではないだろうか。

　こうしたアイデアは、哲学対話の実践者や研究者の間でこれまでしばしば検討されてきたが、中でもレニア・ガスパラトゥーは、現代徳認識論における知的徳とその教育に関する議論を十分に踏まえた上で、哲学

対話と徳認識論を有機的に結びつけて、哲学対話を「認識的に有徳な行為者（epistemically virtuous agent）」の育成のための教育として再構成しようとする代表的論者である（Gasparatou 2017）。彼女は、リップマンが哲学対話の究極目標として「理性的な人格（reasonable person）」[3]の育成を掲げていたことを再確認した上で、それをより明確な教育目標に落とし込めるようにするために、徳認識論の概念の助けを借りることを提案する（本書第2章参照）。

　リップマンは、哲学対話が目指すべき教育上の理想について述べるとき、しばしば「理性的姿勢（reasonableness）」に言及してきた。彼によれば「理性的姿勢」は、「市民一人一人の人格の構造を発達させていくための統制的観念（regulative idea）」（Lipman 2003, 邦訳 p. 297）として機能するものである。このことからもリップマンが、哲学対話の目標を単なる思考のスキルやテクニックの獲得（たとえば論理的な推論の方法の修得）だけに置いているわけではなく、理想的な思考者としての人格面・性格面の成長（すなわち徳の涵養）も射程に入れていることを窺い知ることができる。しかし、「理性的姿勢」はいかんせん曖昧で様々な解釈の余地を残す概念であり、哲学対話の教育目標を具体的かつ厳密に考察する上ではあまり役に立たない。そこでガスパラトゥーは、徳認識論とそれが行っている知的徳とは何かに関する詳しい分析をこの議論の文脈の中に導入し、そのことによって、哲学対話が育成を目指している徳の具体的内容や、哲学対話の認識的な目的、またそのような目的が有している価値についてより正確な理解を得られるようにするとともに、理性的姿勢をいくつかの特定の性格特性と結びつけて理解することで、理性的姿勢についてのより具体的な説明を得られるようにすることを提唱するのである。

　哲学対話が知的徳の涵養に有効な教育的手段であることは、少なくとも理論的なレベルにおいては、ある程度説得的に示すことができる。哲学対話の実践における「探究の共同体」、すなわち、参加者が安心して

自由に物事を思考し対話できる探究の場とは、参加者同士がお互いにお互いの「お手本」となって、知的に有徳な判断や行為を示しあう場でもあり、またお互いがお互いを「模倣」しあうことによって、そうした動機や行為を「習慣」づけていく場でもあるからである。ここで述べた「お手本の模倣」と「実践の反復」による「習慣づけ」というのは、徳認識論の研究者の中でも特に知的徳の教育に関する実践的研究に取り組んでいるジェイソン・ベアやヘザー・バタリーが、知的徳を涵養するための一般的方法論として重視しているものと重なる（土屋2018, pp. 106-118）。

　一方で、哲学対話が知的徳の育成に効果があることを示す実証的研究は、管見の限りでは筆者が教育心理学研究者の宮田舞とともに行った「開放性調査」以外には存在しない（土屋2018, pp. 138-153）。その最も大きな要因は、ある一定の徳目と結びついた知的な性格特性の変容を客観的に測定する調査方法を設計することの難しさに起因していると考えられるが、筆者らの研究では、質問紙を用いた量的調査を行うことによって、哲学対話が「オープンな心（open-mindedness）」の発達にどのような影響を与えるのかを明らかにしようとした。結果的に、筆者らが実施した哲学対話の授業に2年間参加した中学生たちは、授業を受けなかった中学生たちと比べて、自分とは異なる意見や考え方を積極的に受け止めるオープンな心の気質が高まったことが明らかになった。

4. 徳の教育の手段としての哲学対話と、哲学の「道具化」の危険性

　最後に、哲学対話を徳の教育の手段として利用することの是非について考察したい。

　そもそもなぜ、私たちは有徳な人を目指し、子どもたちにも徳を獲得させようと教育を施すのだろうか。徳倫理学が唱えるように、人は徳を

備えることによってよく生きることが可能になり、人間として開花繁栄できるからだ、とさしあたって答えられるかもしれない（本書第1章）。徳の教育をこの次元で捉えるなら、それに反対する理由は確かに見当たらない。しかし、道徳や知的徳の教育がとりわけ学校教育の中で行われるときには、ことはそう単純ではない。

たとえば、前節で名前を挙げたベアは、知的徳の教育を学校で行うことは「生徒が職場で成功するための準備を助ける」と述べている。ベアによれば、変化が激しく先行き不透明な現代社会においては、「オープンに、注意深く、批判的に、革新的な仕方で考える素質が重要視されない仕事や職業はほとんどなく」、それゆえ現に「現代の雇用主は、労働市場や、学校や、その他の多くの領域で評価される人格特性、目標、動機、選好という、いわゆる「ソフトスキル」を重視するのである」（Baehr 2013, pp. 253-254）。このことからベアは、子どもたちが現代という時代をよりよく生き抜き、そうした時代の中で成功を収めて幸福に生きることができるようにするために、学校教育の中で知的徳の教育を行い、すべての子どもが知的に有徳な性格特性を身につけられるようなカリキュラムを整備すべきだと主張するのである。

このように捉えられているときの「徳」は、現行の社会のあり方を前提した上で、そのような社会にうまく適応することで成功を得るための（あるいは、なんとか生き延びるための）個人の内面的な資質という程度の意味に矮小化されている。そして、そのような個人の内面的資質の形成まで公教育が介入してセルフコントロールを強いる（その上で、セルフコントロールの「失敗」を個人の「自己責任」に帰する）新自由主義的な徳の教育のあり方に対しては、「子どもの心にまで押し入る管理」（斎藤 2004, p. 75）や、国民を統治の客体とする「従属教育」（三宅 2003, p. 60）といった批判がこれまでも繰り返しなされてきた。哲学対話があくまでも「哲学」の教育実践であり、子どもとともに「哲学する」ことを通して物事を批判的に問い直す思考力を身につけるためのも

のであるならば、まさにこのような仕方で個人の内面を統制しようとする社会的価値観こそを「批判的」に問えるものでなければならない。哲学対話が現に道徳や知的徳の涵養に資する有効な教育的手法であるとしても、それを徳の教育のための「単なる手段」として用いることで、徳を教育すること自体の（あるいは、ある特定の道徳的・知的徳目をことさらに取り上げて、ある種の道徳的・知的な人格をことさらに形成しようとすることの）正当性・妥当性を問い直すことを棚上げしてしまうのであれば、そのような教育実践はもはや「哲学」の名を冠するに値しないだろう。

　現代の著名な教育哲学者であるガート・ビースタは、教育の場における哲学対話の実践では、「哲学が個々人に働きかけることで、ある確かな資質、能力、スキルを発達、獲得できる道具のようにみなされている」と指摘し、これを哲学の「道具化（instrumentalisation）」（Biesta 2011, 邦訳 p. 95 訳文に一部変更を加えた）と呼んで批判した。哲学を教育上の目的達成のための「道具」として用いることが問題なのは、そのように用いられたときの哲学は、そのときどきの時代的要請やそれぞれの社会の規範的な価値観などが当然反映されているはずの「教育上の目的」それ自体の意義をラディカルに問い直したり、その正当性を吟味したりするという、哲学本来の反省的で批判的な機能を維持しえないからである。

　ここまでの議論を踏まえて、本章の最終的な結論をまとめたい。哲学対話は本来、他者とともに共同で思考し探究するためのスキルや態度を身につけることを目的とする教育実践である。しかしそれを、徳（道徳および知的徳）の教育のための方法論として活用することも可能である。ただし、哲学対話を徳の涵養のための「単なる道具」として用いるなら、徳の教育（あるいは特定の種類の人格的特性の育成）それ自体の正当性を哲学対話の中で問い直すことが不可能となり、哲学対話から哲学本来の反省性や批判性が奪われてしまう。哲学対話を徳の教育に活用

する際には、当該の徳を習得することの意義や妥当性の問いにも探究が常に開かれうるように留意しながら対話を進めることが重要であり、そのことによって徳と哲学的な思考力の両方を涵養することが目指されなければならない。

注

1 哲学対話に注目した「公共」の教科書の詳細な分析については、藤井（2023）を参照。
2 代表的な研究成果物として、宮城教育大学上廣倫理教育アカデミー（2019）を挙げておきたい。また、西野ほか（2017）や、お茶の水女子大学附属小学校・NPO法人お茶の水児童教育研究会（2019）も参照。
3 本段落および次段落における説明からも明らかであるように、リップマンにとって "reasonable""reasonableness" は、彼自身の教育構想の中で重要な位置を占める概念の一つである。彼はこれらを、"rational""rationality" と対比的に使用する（Lipman 2003, 邦訳 pp. 23-24）。彼において "rationality" は、科学がその模範となるような厳密さを備えた概念である。しかしだからこそ、とりわけ人間の行動を扱う場面においては、十分に "rational" であることを期待することはできない。そのような文脈において必要とされているのは "rationality" の「近似」であり、それはすなわち、「分別がついていたり理にかなっていたりする結果（sensible or reasonable outcome）」（Lipman 2003, 邦訳 p. 24 訳文に一部変更を加えた）を生み出す何かである。リップマンはそれを "reasonableness" と表現し、そしてそれを学ぶことこそが自身が行う教育の目的であると考えたのである。以上の説明からわかるように、リップマンは "reasonable""reasonableness" を、"rational""rationality" よりも幅の広い概念として使用している。このため Lipman（2003）の邦訳書においても、前者には「理性的な」「理性的姿勢」というより包括的な訳語が、後者には「合理的な」「合理性」というより限定的な訳語があてられている。本章においても以上を踏襲して、"reasonable" には「理性的な」、"reasonableness" には「理性的姿勢」という訳語を選択した。

（土屋陽介）

文献一覧

欧語文献

Alcoff, L. M.（2010）. Epistemic identities. *Episteme,* 7(2): 128-137.

Anderson, E.（2012）. Epistemic justice as a virtue of social institutions. *Social Epistemology,* 26(2): 163-173.

Annas, J.（2011）. *Intelligent Virtue.* Oxford University Press.（ジュリア・アナス『徳は知なり：幸福に生きるための倫理学』相澤康隆訳、春秋社、2019 年）

Anscombe, G.E.M.（1958）. Modern moral philosophy. *Philosophy,*（33）: 1-19.（G.E.M. アンスコム「現代道徳哲学」生野剛志訳、所収『現代倫理学基本論文集Ⅲ』大庭健編、勁草書房、2021 年、141 ～ 181 頁）

Baehr J.（2011）. *The Inquiring Mind: On Intellectual Virtues and Virtue Epistemology.* Oxford University Press.

———.（2013）. Educating for intellectual virtues: from theory to practice. *Journal of Philosophy of Education,* 47(2): 248-62.

———.（2015）. The four dimensions of an intellectual virtue. In: *Moral and intellectual virtues in Western and Chinese philosophy.* Edited by C. Mi, M. Slote, & E. Sosa. Routledge, pp. 96-108.

———.（Ed.）（2016）. *Intellectual Virtues and Education: Essays in Applied Virtue Epistemology.* Routledge.

———.（2019）. Intellectual virtues, critical thinking, and the aims of education. In: *The Routledge Handbook of Social Epistemology.* Edited by M. Fricker, P.J. Graham, D. Henderson, & N.J.L.L. Pedersen. Routledge, pp. 447-456.

———.（2020）. The structure of intellectual vices. In: *Vice Epistemology.* Edited by I.J. Kidd, H. Battaly, & Q. Cassam. Routledge, pp. 41-64.

Bailin, S., & Siegel, H.（2003）. Critical thinking. In: *The Blackwell Guide to the Philosophy of Education.* Edited by N. Blake, P. Smeyers, R. Smith, & P. Standish. Blackwell, pp. 181-193.

Barrow, R. & Woods, R.（2022）. *An Introduction to Philosophy of Education, 5th edition.* Revised by R. Barrow. Routledge.

Battaly, H.（2015a）. Epistemic virtue and vice: reliabilism, responsibilism, and personalism. In: *Moral and Intellectual Virtues in Western and Chinese Philosophy.* Edited by C. Mi, M. Slote, & E. Sosa. Routledge; pp. 109-130.

———.（2015b）. *Virtue.* Polity.

———.（2016）. Developing virtue and rehabilitating vice: worries about self-cultivation and self-reform. *Journal of Moral Education,* 45(2): 207-222.

———.（2020）. Quitting, procrastinating, and slacking off. In: *Vice Epistemology.* Edited by I.J. Kidd, H. Battaly, & Q. Cassam. Routledge, pp. 167-188.

———.（2022）. Educating for intellectual pride and ameliorating servility in contexts of epistemic injustice. *Educational Philosophy and Theory,* 55(3): 301-314.

Battersby, M., & Bailin, S. (2018). *Inquiry: A New Paradigm for Critical Thinking.* University of Windsor. https://windsor.scholarsportal.info/omp/index.php/wsia/catalog/book/54

Biesta, G.J.J. (2011). Philosophy, exposure, and children: How to resist the instrumentalisation of philosophy in education. *Journal of Philosophy of Education,* 45(2): 305-319. (ガート・ビースタ「哲学、さらされること、子どもたち：教育における道具主義化にどう抵抗するか」宮崎康子訳、所収『教育にこだわるということ：学校と社会をつなぎ直す』上野正道監訳、東京大学出版会、2021年、89〜107頁)

Blair, J. A. & Johnson, R. H. (1987). Argumentation as dialectical. *Argumentation,* 1(1): 41-56.

Carr, D. (1991). *Educating the Virtues: An Essay on the Philosophical Psychology of Moral Development and Education.* Routledge.

———. (2017). Educating for the wisdom of virtue. In: *Varieties of Virtue Ethics.* Edited by D. Carr, J. Arthur, & K. Kristjánsson. Palgrave Macmillan, pp. 319-335.

———. (2021). Where's the educational virtue in flourishing? *Educational Theory,* 71(3): 389-407.

———. (2023a). The hazards of role modelling for the education of moral and/or virtuous character. *Philosophical Inquiry in Education,* 30(1): 68-79.

———. (2023b). The practical wisdom of phronesis in the education of purported virtuous character. *Educational Theory,* 72(2): 137-152.

———. (2023c). The vices of naturalist neo-Aristotelian virtue ethics. *Philosophical Investigations.* https://doi.org/10.1111/phin.12393

Carr, D. & Steutel, J. (Ed.) (1999). *Virtue Ethics and Moral Education.* Routledge.

Cassam Q. (2016). Vice epistemology. *Monist,* 99(2): 159-180.

———. (2019a). *Vices of the Mind: From the Intellectual to the Political.* Oxford University Press.

———. (2019b). *Conspiracy Theories, Polity Press.*

———. (2023). Misunderstanding vaccine hesitancy: a case study in epistemic injustice. *Educational Philosophy and Theory,* 55(3):315-329.

Clemente, N.L. (2022). Pedagogical virtues: an account of the intellectual virtues of a teacher. *Episteme.* https://doi.org/10.1017/epi.2022.25

Collins, P.H. (1990). *Black Feminist Thought: Knowledge, Consciousness, and the Politics of Empowerment.* Unwin Hyman.

Code L. (1981). Is the sex of the knower epistemologically significant? *Metaphilosophy,* 12(3): 267-76.

———. (1984). Toward a "responsibilist" epistemology. *Philosophy and Phenomenological Research,* 45(1): 29-50.

———. (1995). *Rhetorical Spaces: Essays on Gendered Locations.* Psychology Press.

Cowden, S. & Singh, G. (2015). Critical pedagogy: critical thinking as a social practice. In: *The Palgrave Handbook of Critical Thinking in Higher Education.* Edited by M. Davies, & R. Barnett. Palgrave Macmillan, pp. 559-572.

Crick B. (2000). *Essays on Citizenship.* Contiuum(バーナード・クリック『シティズンシップ教育論：政治哲学と市民』関口正司監訳、法政大学出版局、2011 年)

Cua, A.S. (2003). The Ethical significance of shame: insights of Aristotle and Xunzi. *Philosophy East and West,* 53(2): 147-202.

Curzer, H.J. (2002). Aristotle's painful path to virtue. *Journal of the History of Philosophy,* 40(2): 141-162.

―――. (2012). *Aristotle and the Virtues.* Oxford University Press.

Damer, T.E. (2013). *Attacking Faulty Reasoning: A Practical Guide to Fallacy-Free Arguments, 7th edition.* Wadsworth Cengage Learning. (T・E・デイマー『誤謬論入門』小西卓三監訳・今村真由子訳、九夏社、2023 年)

Damminger, J.K. (2015). Ethical issues in advising. In: *The New Advisor Guidebook: Mastering the Art of Academic Advising.* Edited by P. Folsom, Y. Franklin, & E.J. Jennifer. John Wiley & Sons, pp. 55-66.

Daukas, N. (2011). Altogether now: a virtue-theoretic approach to pluralism in feminist epistemology. In: *Feminist Epistemology and Philosophy of Science: Power in Knowledge.* Edited by H.E. Grasswick. Springer, pp. 45-67.

Davies, M., & Barbett, R. (2015). Introduction. In: *The Palgrave Handbook of Critical Thinking in Higher Education.* Edited by M. Davies, & R. Barnett. Palgrave Macmillan, pp. 1-25.

Department for Education. (2015). Department for education launches the 'character award'. https://www.future-foundations.co.uk/department-for-education-launches-the-character-award/

De Ridder, J. (2022). Three models for collective intellectual virtues. In: *Social Virtue Epistemology.* Edited by M. Alfano, C. Klein, & J. de Ridder. Routledge, pp. 367-385.

Dewey, J. (1910). *How We Think.* D.C. Heath.

Driver, J. (2001). *Uneasy Virtue.* Cambridge University Press.

Ennis, R.H. (1987). A taxonomy of critical thinking dispositions and abilities. In: *Teaching Thinking Skills: Theory and Practice.* Edited by J.B. Baron, & R.J. Sternberg. Freeman, pp. 9-26.

Fingarette, H. (1972). *Confucius: The Secular as Sacred.* Harper Collins. (ハーバート・フィンガレット『孔子：聖としての世俗者』山本和人訳、平凡社、1994 年)

Foot, P. (2001). *Natural Goodness.* Oxford University Press. (フィリッパ・フット『人間にとって善とは何か：徳倫理学入門』高橋久一郎監訳、筑摩書房、2014 年)

Freire, P. (2010). *Pedagogia do Oprimido, 45ª edição.* Paz e Terra. (パウロ・フレイレ『被抑圧者の教育学』三砂ちづる訳、亜紀書房、2018 年)

Fricker E. (2006). Testimony and epistemic autonomy. In: *The Epistemology of Testimony.* Edited by J. Lackey, & E. Sosa. Oxford University Press, pp. 225-

250.

Fricker M.（2007）. *Epistemic Injustice: Power and the Ethics of Knowing*. Oxford University Press.（ミランダ・フリッカー『認識的不正義』佐藤邦政監訳・飯塚理恵訳、勁草書房、2023年）

―.（2010）. Can there be institutional virtues? In: *Oxford Studies in Epistemology, volume 3*. Edited by T.S. Gendler, & T.S. Hawthorne. Oxford University Press, pp. 235-252.

―.（2020）. Institutional epistemic vices: the case of inferential inertia. In: *Vice Epistemology*. Edited by I.J. Kidd, H. Battaly, & Q. Cassam. Routledge, pp. 89-107.

Galston, W.A.（1991）. *Liberal Purposes: Goods, Virtues, and Diversity in the Liberal State*. Cambridge University Press.

Gasparatou, R.（2017）. Philosophy for/with children and the development of epistemically virtuous agents. In: *The Routledge International Handbook of Philosophy for Children*. Edited by M.R. Gregory, J. Haynes, & K. Murris. Routledge, pp. 103-110.（R・ガスパラトゥー「子どものための哲学と認識的徳を備えた主体の育成」榊原健太郎訳、所収『子どものための哲学教育ハンドブック：世界で広がる探究学習』小玉重夫監修、豊田光世・田中伸・田端健人訳者代表、東京大学出版会、2020年、141-156頁）

Gilbert, M.（2000）. *Sociality and Responsibility: New Essays in Plural Subject Theory*. Rowman & Littlefield Publishers.

Gilligan, C.（1982）. *In a Different Voice: Psychological Theory and Women's Development*. Harvard University Press.（キャロル・ギリガン『もう一つの声で：心理学の理論とケアの倫理』川本隆史・山辺恵理子・米典子訳、風行社、2022年）

Goldman, A., & Whitcomb, D.（2010）. *Social Epistemology: Essential Readings*. Oxford University Press.

Goldman, A., & O'Connor, C.（2021）. Social epistemology. In: *The Stanford Encyclopedia of Philosophy*（Winter 2021 Edition）. Edited by E.N. Zalta. https://plato.stanford.edu/archives/win2021/entries/epistemology-social/

Gregory, M.R., Haynes, J., & Murris, K.（Eds.）（2017）. *The Routledge International Handbook of Philosophy for Children*. Routledge.（M・R・グレゴリー、J・ヘインズ、K・ムリス編『子どものための哲学教育ハンドブック：世界で広がる探究学習』小玉重夫監修、豊田光世・田中伸・田端健人訳者代表、東京大学出版、2020年）

Gross, J.（2023）. *How Finland Is Teaching a Generation to Spot Misinformation*, New York Times, Jan. 10, 2023. https://www.nytimes.com/2023/01/10/world/europe/finland-misinformation-classes.htm

Haber, J.（2020）. *Critical thinking*. MIT Press.（J・ヘイバー『基礎からわかるクリティカル・シンキング』若山昇監修・寺上隆訳、ニュートンプレス、2022年）

Hamby, B.（2015）. Willingness to Inquire: the Cardinal Critical Thinking Virtue. In:

The Palgrave Handbook of Critical Thinking in Higher Education. Edited by M. Davies, & R. Barnett. Palgrave Macmillan, pp. 77-87.

Haydon, G. (2011). Reason and virtues: the paradox of R. S. Peters on moral education. In: *Reading R. S. Peters Today: Analysis, Ethics, and the Aims of Education*. Edited by S.E. Cuypers, & C. Martin. Wiley-Blackwell, pp. 168-184.

Heater, D. (1999). *What is Citizenship?* Polity Press.（デレック・ヒーター『市民権とは何か』田中俊郎・関根政美訳、岩波書店、2012 年）

Herman, B. (1996). Making room for character. In: *Aristotle, Kant and the Stoics: Rethinking Happiness and Duty*. Edited by S. Engstrom, & J. Whiting. Cambridge University Press, pp. 36-60.

Holroyd, J. (2020). Implicit bias and epistemic vice. In: *Vice Epistemology*. Edited by I.J. Kidd, H. Battaly, & Q. Cassam. Routledge, pp. 126-147.

Hursthouse, R. (1999). *On Virtue Ethics*. Oxford University Press.（ロザリンド・ハーストハウス『徳倫理学について』土橋茂樹訳、知泉書館、2014 年）

Hursthouse, R., & Pettigrove, G. (2022). Virtue ethics. In: *The Stanford Encyclopedia of Philosophy*. Edited by E.N. Zalta, & U. Nodelman. https://plato.stanford.edu/entries/ethics-virtue/

Iizuka, R. (Forthcoming). Intellectual humility and Japan. In: *Aristotle in Japan: Translation, Interpretation and Application*. Edited by T. Kondo, & K. Tachibana. Routledge.

Kidd, I.J. (2016). Charging others with epistemic vice. *Monist*, 99(2): 181-197.

———. (2019). Epistemic corruption and education. *Episteme*, 16(2): 220-235.

King, N. (2018). Intellectual perseverance. In: *The Routledge Handbook of Virtue Epistemology*. Edited by H. Battaly. Routledge, pp. 256-269.

Kohlberg, L. (1981). *The Philosophy of Moral Development*. vol. 1. Harper & Row Publishers.

Kotzee, B. (Ed.) (2014). *Education and the Growth of Knowledge: Perspectives from Social and Virtue Epistemology*. Wiley-Blackwell.

Kotzee, B., Carter, J.A., & Siegel, H. (2021). Educating for intellectual virtue: a critique from action guidance. *Episteme*, 18: 177-199.

Kristjánsson, K. (2006). Habituated reason: Aristotle and the 'paradox of moral education'. *Theory & Research in Education*, 4(1): 101-122.

———. (2015). *Aristotelian Character Education*. Routledge.（クリスチャン・クリスチャンソン『子供を開花させるモラル教育：21 世紀のアリストテレス的人格教育』中山理監訳、麗澤大学出版会、2018 年）

Kymlicka, W. (2002). *Contemporary Political Philosophy: An Introduction, 2nd edition*. Oxford Univerisity Press.（ウィル・キムリッカ『新版　現代政治理論』千葉眞・岡﨑晴輝訳者代表、日本経済評論社、2005 年）

Lackey, J. (2021). Echo chambers, fake news, and social epistemology. In: *The Epistemology of Fake News*. Edited by S. Bernecker, A. Flowerree, & T. Grundmann. Oxford University Press, pp. 206-227.

Lawton, M. (1995). Clinton urges key place for character education in curriculum. *Education Week*. https://www.edweek.org/education/clinton-urges-key-place-for-character-education-in-curriculum/1995/05

Lee, C.M., & Taylor, M.J. (2014). Moral education trends over 40 years: a content analysis of the *Journal of Moral Education* (1971-2011). *Journal of Moral Education*, 42(4): 399-429.

Levy, N. (2021). *Bad Beliefs: Why They Happen to Good People*. Oxford University Press.

Levy, N., & Alfano, M. (2020). Knowledge from vice: deeply social epistemology. *Mind*, 129(515): 887-915.

Lickona, T. (2004). *Character Matters: How to Help Our Children Develop Good Judgment, Integrity, and Other Essential Virtues*. Atria.（トーマス・リコーナ『「人格教育」のすべて：家庭・学校・地域社会ですすめる心の教育』水野修次郎・望月文明訳、麗澤大学出版会、2005 年）

Lipman, M. (2003). *Thinking in Education, 2nd edition*. Cambridge University Press.（マシュー・リップマン『探求の共同体』河野哲也・土屋陽介・村瀬智之監訳、玉川大学出版部、2014 年）

Lipman, M., Sharp, A.M., & Oscanyan, F.S. (1980). *Philosophy in the Classroom, 2nd edition*. Temple University Press.（マシュー・リップマン、アン・マーガレット・シャープ、フレデリック・オスカニアン『子どものための哲学授業』河野哲也・清水将吾監訳、河出書房新社、2015 年）

Liu, I. (2017). Elevating human being: towards a new sort of naturalism. *Philosophy*, 92(4): 597-622.

Lowenstein, M. (2008). Ethical foundations of academic advising. In: *Academic Advising: A Comprehensive Handbook, 2nd edition*. Edited by V.N. Gordon, W.R. Habley, & T.J. Grites. Jossey-Bass, pp. 36-49.

Lowenstein, M., & Grites, T.J. (1993). Ethics in academic advising. *NACADA Journal*, 13(1): 53-61.

Macedo, S. (1991). *Liberal Virtues: Citizenship, Virtue, and Community in Liberal Constitutionalism*. Clarendon Press.（スティーヴン・マシード『リベラルな徳：公共哲学としてのリベラリズム』小川仁志訳、風行社、2014 年）

MacIntyre, A. (1984). *After Virtue: A Study in Moral Theory, 2nd edition*. Duckworth.（アラスデア・マッキンタイア『美徳なき時代』篠崎榮訳、みすず書房、1993 年）

Matheson, J., & Lougheed, K. (Eds.) (2021). *Epistemic Autonomy*. Routledge.

Marshall, T.H., & Bottomore, T. (1992). *Citizenship and Social Class*. Pluto Press.（T・H・マーシャル、トム・ボットモア『シティズンシップと社会的階級：近現代を総括するマニフェスト』岩崎信彦・中村健吾訳、法律文化社、1993 年）

McDowell, J. (1979). Virtue and reason. *The Monist*, 62(3): 331-350.（「徳と理性」荻原理訳、所収『徳と理性：マクダウェル倫理学論文集』ジョン・マクダウェ

ル著、大庭健編監訳、勁草書房、2016 年、1 〜 42 頁）

NACADA: The Global Community for Academic Advising.（2006）. NACADA concept of academic advising.
　　　https://www.nacada.ksu.edu/Resources/Pillars/Concept.aspx.

――――.（2017）. NACADA core values of academic advising.
　　　https://www.nacada.ksu.edu/Resources/Pillars/CoreValues.aspx.

Napolitano, M.G.（2021）. Conspiracy theories and evidential self-insulation. In: *The Epistemology of Fake News*. Edited by S. Bernecker, A. Flowerree, & T. Grundmann. Oxford University Press, pp. 82-105.

Noddings, N.（1984）. *Caring: A Feminine Approach to Ethics and Moral Education*. University of California Press.（ネル・ノディングズ『ケアリング：倫理と道徳の教育 女性の観点から』立山善康・清水重樹・新茂之・林泰成・宮崎宏志訳、晃洋書房、1997 年）

Noddings, N., & Slote, M.（2002）. Changing notions of the moral and of moral education. In: *The Blackwell Guide to the Philosophy of Education*. Edited by N. Blake, P. Smeyers, R. Smith, & P. Standish. Blackwell, pp. 341-355.

Nussbaum, M.C.（2000）. *Women and Human Development: The Capability Approach*. Cambridge University Press.（マーサ・C・ヌスバウム『女性と人間開発：潜在能力アプローチ』池本幸生・田口さつき・坪井ひろみ訳、岩波書店、2005 年）

Organisation for Economic Co-operation and Development.（2005）. *The Definition and Selection of Key Competencies: Executive Summary*.
　　　https://www.oecd.org/pisa/35070367.pdf

Paul, R.W.（1982）. Teaching critical thinking in the strong sense: a focus on self-deception, world views, and dialectical mode of analysis. *Informal Logic*, 4(2): 2-7.

Pariser, E.（2012）. *Filter Bubble: How the New Personalized Web Is Changing What We Read and How We Think*. Penguin Books.（イーライ・パリサー『フィルターバブル――インターネットが隠していること』井口耕二訳、早川書房、2016 年）

Passmore, J.（1967）. On teaching to be critical. In: *The Concept of Education*. Edited by R.S. Peters. Humanities Press, pp. 192-211.（ジョン・パスモア『教えることの哲学』小澤喬訳、春風社、2017 年、第 9 章）

Paul, R., & Elder, L.（2002）. *Critical Thinking: Tools for Taking Charge of Your Professional and Personal Life*. Pearson Education, Inc.（R・ポール、L・エルダー『クリティカル・シンキング：「思考」と「行動」を高める基礎講座』村田美子・巽由佳子訳、東洋経済新報社、2003 年）

Peters, R.S.（1981）. *Moral Development and Moral Education*. George Allen and Unwin.

Peterson, A., & Arthur, J.（2020）. *Ethics and the Good Teacher: Character in the Professional Domain*. Routledge.

Porter, S.L. (2016). A therapeutic approach to intellectual virtue formation in the classroom. In: *Intellectual Virtues and Education: Essays in Applied Virtue Epistemology*. Edited by J. Baehr. Routledge, pp. 221-239.

Priest, M. (2017). Intellectual humility: an interpersonal theory. *Ergo*, 4(16): 463-480.

Pritchard, D. (2013). Epistemic virtue and the epistemology of education. *Journal of Philosophy of Education*, 47(2): 92-105.

———. (2016). Seeing it for oneself: perceptual knowledge, understanding, and intellectual autonomy. *Episteme*, 13(1): 29-42.

———. (2018). Intellectual humility and the epistemology of disagreement. *Synthese*, (198): 1711-1723.

Qualifications and Curriculum Authority. (1998). Education for citizenship and the teaching of democracy in schools: final report of the advisory group on citizenship, 22 September 1998. (Qualifications and Curriculum Authority「シティズンシップのための教育と学校で民主主義を学ぶために」鈴木崇弘・由井一成訳、所収『社会を変える教育 Citizenship Education：英国のシティズンシップ教育とクリック・レポートから』長沼豊・大久保正弘編著、キーステージ 21、2012 年、111 ～ 210 頁)

Roberts, R.C., & Wood, W.J. (2007). *Intellectual Virtues: An Essay in Regulative Epistemology*. Oxford University Press.

Sanderse, W. (2015). An Aristotelian model of moral development. *Journal of Philosophy of Education*, 49(3): 382-398.

Sato, K. (2015). Motivating children's critical thinking: teaching through exemplars. *Informal Logic*, 35(2): 205-221.

Sherman, N. (1989). *The Fabric of Character: Aristotle's Theory of Virtue*. Oxford University Press.

Siegel, H. (1988). *Educating Reason: Rationality, Critical Thinking, and Education*. Routledge.

Slote, M. (2010). *Moral Sentimentalism*. Oxford University Press.

Smart, P.R. (2018). Mandevillian intelligence. *Synthese*, 195(9): 4169-4200.

Smith, R. (2022). Character education and the instability of virtue. *Journal of Philosophy of Education*, 56(6): 889-898.

Sosa, E. (1980). The raft and the pyramid: coherence versus foundations in the theory of knowledge. *Midwest Studies in Philosophy*, 5(1):3-26.

Sue, D.W. (2010). *Microaggressions in Everyday Life: Race, Gender and Sexual Orientation*.Wiley. (デラルド・スー『日常生活に埋め込まれたマイクロアグレッション』マイクロアグレッション研究会訳、明石書店、2020 年)

Suissa, J. (2015). Character education and the disappearance of the political. *Ethics and Education*, 10(1): 105-117.

Tachibana, K. (2012). How Aristotle's theory of education has been studied in our century. *Studia Classica*, 3(1): 21-67.

Tanesini A. (2016). Calm down, dear: intellectual arrogance, silencing and ignorance. *Proceedings of the Aristotelian Society, Supplementary Volume*, 90(1): 71-92.

―――. (2021). *The Mismeasure of the Self: A Study in Vice Epistemology*. Oxford University Press.

The Jubilee Centre. (2022). *Framework for Character Education in Schools, 3rd edition.*
   https://www.jubileecentre.ac.uk/527/character-education/framework

The United Nations. (2015). Transforming our world: the 2030 agenda for sustainable development. https://www.unfpa.org/sites/default/files/resource-pdf/ Resolution_A_RES_70_1_EN.pdf

Tindale, C.W. (2007). *Fallacies and Argument Appraisal*. Cambridge University Press.

Toulmin, S.T. (2003). *The Uses of Argument, updated edition*. Cambridge University Press. (スティーヴン・トゥールミン『議論の技法：トゥールミンモデルの原点』戸田山和久・福澤一吉訳、東京書籍、2011 年)

UNESCO. (2018). *International Technical Guidance on Sexuality Education: An Evidence-Informed Approach, revised edition.* (ユネスコ編『国際セクシュアリティ教育ガイダンス【改訂版】：科学的根拠に基づいたアプローチ』浅井春夫・艮香織・田代美江子・福田和子・渡辺大輔訳、明石書店、2020 年)
   https://unesdoc.unesco.org/ark:/48223/pf0000260770

Van Norden, B.W. (2004). The Virtue of Righteousness in Mencius. In: *Confucian Ethics: A Comparative Study of Self, Autonomy, and Community*. Edited by K.L. Shun, & D.B. Wong. Cambridge University Press, pp. 148-182.

Walton, D. (2006). *Fundamentals of Critical Argumentation*. Cambridge University Press.

Wanderer, J. (2017). Varieties of testimonial injustice. In: *The Routledge Handbook of Epistemic Injustice*. Edited by I.J. Kidd, J. Medina, & G. Pohlhaus. Routledge, pp. 27-40.

Whitcomb, D, Battaly H, Baehr J, & Howard-Snyder, D. (2017). Intellectual humility: owning our limitations. *Philosophy and Phenomenological Research*, 94 (3): 509-539.

Zagzebski, L. (1996). *Virtues of the Mind: An Inquiry into the Nature of Virtue and the Ethical Foundations of Knowledge*. Cambridge University Press.

―――. (2003). Intellectual motivation and the good of truth. In: *Intellectual Virtue: Perspectives from Ethics and Epistemology*. Edited by M. DePaul, & L. Zagzebski. Oxford University Press, pp. 135-154.

Zechmeister, E.B., & Johnson, J.E. (1992). *Critical Thinking: A Functional Approach*. Thomson Brooks/Cole Publishing. (E・B・ゼックミスタ、J・E・ジョンソン『クリティカルシンキング 入門篇：あなたの思考をガイドする 40の原則』および『クリティカルシンキング 実践篇：あなたの思考をガイドす

るプラス 50 の原則』、宮元博章、道田泰司、谷口高士、菊池聡訳、北大路書房、1996 年（入門篇）、1997 年（実践篇）

邦語／中国語文献

赤林朗・児玉聡編『入門・倫理学』勁草書房、2018 年

秋山千佳『ルポ 保健室：子どもの貧困・虐待・性のリアル』朝日新聞出版、2016 年

アリストテレス『ニコマコス倫理学』朴一功訳、京都大学学術出版会、2002 年

―――『ニコマコス倫理学（上）』渡辺邦夫・立花幸司訳、光文社古典新訳文庫、2015 年

―――『ニコマコス倫理学（下）』渡辺邦夫・立花幸司訳、光文社古典新訳文庫、2016 年

石井良子『「ひきこもり」から考える：〈聴く〉から始める支援論』筑摩書房、2021 年

伊津野朋弘「明治末期教職倫理の一性格：教育行政官僚制の前近代性に関連して」『北海道教育大学紀要．第一部．C．教育科学編』21（1）：15-28、1970 年

井ノ口哲也『道徳教育と中国思想』勁草書房、2022 年

上枝美典『現代認識論入門：ゲティア問題から徳認識論まで』勁草書房、2020 年

内山直樹「聖人について」所収『キーワードで読む中国古典③　聖と狂：聖人・真人・狂者』志野好伸編、法政大学出版局、2016 年、69 〜 143 頁

江島顕一『日本道徳教育の歴史：近代から現代まで』ミネルヴァ書房、2016 年

小倉芳彦『中国古代政治思想研究』青木書店、1970 年

岡野八代「ケア／ジェンダー／民主主義」『世界』（952）：92-106、2022 年

お茶の水女子大学附属小学校・NPO 法人お茶の水児童教育研究会（編著）『新教科「てつがく」の挑戦："考え議論する"道徳教育への提言』東洋館出版社、2019 年

小野沢精一「徳論」所収『中国文化叢書 2 思想概説』赤塚忠・金谷治・福永光司・山井湧編、大修館書店、1967 年、151 〜 184 頁

小寺正一「道徳教育の歴史」所収『四訂　道徳教育を学ぶ人のために』小寺正一・藤永芳純編、世界思想社、2016 年、29 〜 76 頁

蟹江憲史『SDGs（持続可能な開発目標）』中央公論新社、2020 年

唐木清志「学校教育におけるシティズンシップ教育」所収『シティズンシップ教育で創る学校の未来』唐木清志・岡田泰孝・杉浦真理・川中大輔監修、東洋館出版社、2015 年、16 〜 23 頁

片山勝茂「シティズンシップ」所収『教育思想事典　増補改訂版』教育思想史学会編、勁草書房、2017 年、368 〜 369 頁

川谷茂樹『スポーツ倫理学講義』ナカニシヤ出版、2005 年

北村英哉・唐沢譲（編）『偏見や差別はなぜ起こる？：心理的メカニズムの解明と現象の分析』ちとせプレス、2018 年

北山夕華『英国のシティズンシップ教育：社会的包摂の試み』早稲田大学出版部、2014 年

教育基本法研究会（編著）・田中壮一郎（監修）『逐条解説　改正教育基本法』第一法規、2007 年

木下一雄『教育倫理学』東洋館出版、1953 年

木村英一（訳・注）『論語』講談社文庫、1975 年

楠見孝・道田泰司（編）『批判的思考と市民リテラシー：教育、メディア、社会を変える 21 世紀型スキル』誠信書房、2016 年

熊井将太「近代教授思想における学級教授論の構造と変容」『教育方法学研究』34：73-84、2008 年

経済産業省「シティズンシップ教育宣言」2006 年（2006a）

―――「シティズンシップ教育と経済社会での人びとの活動についての研究会報告書」2006 年（2006b）

神戸和佳子・廣畑光希「哲学対話」所収『道徳教育』下司晶編、学文社、2023 年、217-225 頁

小玉重夫『シティズンシップの教育思想』白澤社、2003 年

―――『教育政治学を拓く：18 歳選挙権の時代を見すえて』勁草書房、2016 年

小室昌志「私立大学における教員と職員の指揮命令関係に関する一考察：学部事務室における教員と職員の関係を中心として」『評論・社会科学』101：43-57、2012 年

小南一郎『古代中国―天命と青銅器』京都大学学術出版会、2006 年

子安潤「教育委員会による教員指標の「スタンダード化」の問題」『日本教師教育学会年報』26：38-45、2017 年

近藤良享『スポーツ倫理』不昧堂出版、2012 年

斎藤貴男『教育改革と新自由主義』子どもの未来社、2004 年

酒井雅子『クリティカル・シンキング教育』早稲田大学出版部、2017 年

坂本旬・山脇岳志（編著）『メディアリテラシー 吟味思考（クリティカルシンキング）を育む』時事通信社、2021 年

佐藤邦政『善い学びとはなにか：〈問いほぐし〉と〈知の正義〉の教育哲学』新曜社、2019 年

―――「人間形成と人間構築をともに視野に入れる知的徳の保育・教育論：解放的徳と認識的不正義を両輪とする展望」『フィルカル』、6(2)：112-133、2021 年

佐藤学『専門家として教師を育てる：教師教育改革のグランドデザイン』岩波書店、2015 年

品川区教育委員会『品川区立学校教育要領』2018 年

―――『市民科』全 4 冊、2020 年（2020a）

―――『品川区一貫教育 市民科 指導の手引き』、2020 年（2020b）

志野好伸「総説」所収『キーワードで読む中国古典③ 聖と狂：聖人・真人・狂者』志野好伸編、法政大学出版局、2016 年、1 ～ 67 頁

清水栄子『アカデミック・アドバイジング その専門性と実践：日本の大学へのアメリカの示唆』、東信堂、2015 年

清水栄子・中井俊樹（編著）『大学の学習支援 Q&A』玉川大学出版部、2022 年

情報教育学研究会・情報倫理教育研究グループ（編）『インターネット社会を生きるための情報倫理 改訂版』実教出版、2018 年

白澤章子『まちかど保健室にようこそ：〈川中島の保健室〉ものがたり』かもがわ出版、2019 年

末永高康『性善説の誕生：先秦儒家思想史の一断面』創文社、2015 年

すぎむらなおみ『養護教諭の社会学：学校文化・ジェンダー・同化』名古屋大学出版会、2014 年

鈴木明雄「中学段階における道徳教育の内容とその構成」所収『新道徳教育全集 第 4 巻　中学校、高等学校、特別支援教育における新しい道徳教育』日本道徳教育学全集編集委員会編、学文社、2021 年、21 ～ 28 頁

関朋昭『スポーツと勝利至上主義：日本の学校スポーツのルーツ』ナカニシヤ出版、2015 年

体育原理専門分科会(編)『スポーツの倫理』不昧堂出版、1992 年

高宮正貴『価値観を広げる道徳授業づくり：教材の価値分析で発問力を高める』北大路書房、2020 年

立花幸司「科学研究費助成事業データベースを手がかりにみる我が国の教育哲学研究の在処」、『Humanitas：玉川大学人文科学研究センター年報』(7)：107-118、2016 年(2016a)

─────「哲学業界における二つの不在：アリストテレスと現代の教育哲学」、『理想』(696)：100-113、2016 年(2016b)

中央教育審議会「これからの学校教育を担う教員の資質能力の向上について～学び合い、高め合う教員育成コミュニティの構築に向けて～(答申)(中教審第 184号)平成 27 年 12 月 21 日」、2015 年
https://www.mext.go.jp/b_menu/shingi/chukyo/chukyo0/toushin/1365665.htm

張岱年『中国哲学大綱』中国社会科学出版社、1982 年(旧版訳：于同『中国哲学問題史』上下、澤田多喜男訳、八千代出版、1975-77 年)

土屋陽介「子どもの哲学と理性的思考者の教育」博士学位論文(立教大学)、2018 年
https://rikkyo.repo.nii.ac.jp/?action=pages_view_main&active_action=repository_view_main_item_detail&item_id=16001&item_no=1&page_id=13&block_id=49

─────『僕らの世界を作りかえる哲学の授業』青春出版社、2019 年

津村敏雄「「教員に求められる資質能力」の考察：地方自治体の「求める教師像」から読み解く」『東洋学園大学教職課程年報』(1)：49-66、2019 年

土井義隆『「個性」を煽られるこどもたち：親密圏の変容を考える』岩波ブックレット、2004 年

─────『キャラ化する / される子どもたち：排除型社会における新たな人間像』岩波ブックレット、2009 年

─────『つながりを煽られる子どもたち：ネット依存といじめ問題を考える』岩波ブックレット、2014 年

東京都教育委員会「東京都人材育成基本方針【一部改正版】平成 27 年 2 月」、2015 年
https://www.kyoiku.metro.tokyo.lg.jp/staff/personnel/training/files/development_policy/27jinzaiikuseihosin.pdf

東畑開人『居るのはつらいよ：ケアとセラピーについての覚書』医学書院、2019 年

西野真由美・鈴木明雄・貝塚茂樹(編)『「考え、議論する道徳」の指導法と評価』教育出版、2017 年

日本学術会議哲学委員会哲学・倫理・宗教教育分科会『道徳科において「考え、議論する」教育を推進するために』2020 年

日本教育法学会(編)『コメンタール教育基本法』学陽書房、2021 年

日本教育保健学会(編)『教師のための教育保健学：子どもの健康を守り育てる実践と理論』東山書房、2016 年

日本道徳教育学会全集編集委員会(編)『新道徳教育全集　第 1 巻　道徳教育の変遷・展開・展望』学文社、2021 年

日本放送協会「マイクロアグレッション：日常に潜む人種差別の"芽"」2020 年
　　https://www.nhk.or.jp/gendai/comment/0018/topic008.html

日本養護教諭教育学会『養護教諭の専門領域に関する用語の解説集〈第三版〉』日本養護教諭教育学会、2019 年

林康成・三崎隆「『学び合い』授業と一斉指導教授型授業を比較した学力低位層への学習効果と継続性」『日本科学教育学会研究会研究報告』29(4)：33-36、2015 年

樋口直宏『批判的思考指導の理論と実践：アメリカにおける思考技能指導の方法と日本の総合学習への適用』学文社、2013 年

久富善之「教職観をめぐる時代的変化と、その今日的動向」所収『教師の責任と教職倫理：経年調査にみる教員文化の変容』久富善之・長谷川裕・福島裕敏編著、勁草書房、2018 年、159 〜 172 頁

藤井基貴「高校公民科「公共」における哲学対話(P4C)の可能性：教科書分析を中心に」『静岡大学教育実践総合センター紀要』(33)：144-151、2023 年

星野勉・三嶋輝夫・関根清三(編)『倫理思想事典』山川出版社、1997 年

松本裕司「明治初期における授業指導技術の形成過程について」『教育方法学研究』16：29-37 頁、1990 年

溝上慎一『アクティブラーニングと教授学習パラダイムの転換』東信堂、2014 年

溝口雄三・丸山松幸・池田知久(編)『中国思想文化事典』東京大学出版会、2001 年

水口拓寿『中国倫理思想の考え方』山川出版社、2022 年

道田泰司「批判的思考概念の多様性と根底イメージ」『心理学評論』46(4)：617-639、2003 年

―――「強い意味の批判的思考に関する覚書」『琉球大学教育学部研究紀要』66：161-174、2005 年

宮城教育大学上廣倫理教育アカデミー『子どもの問いでつくる道徳科 実践事例集』東京書籍、2019 年

三宅晶子『「心のノート」を考える』岩波書店、2003 年

村上靖彦『ケアとは何か：看護・福祉で大事なこと』中央公論新社、2021 年 (2021a)

―――『子どもたちがつくる町：大阪・西成の子育て支援』世界思想社、2021 年 (2021b)

文部科学省「現代的健康課題を抱える子供たちへの支援〜養護教諭の役割を中心として〜」2017 年 (2017a) https://www.mext.go.jp/a_menu/kenko/hoken/__icsFiles/afieldfile/2017/05/01/1384974_1.pdf

文部科学省『小学校学習指導要領(平成 29 年告示)』2017 年 (2017b)

文部科学省『小学校学習指導要領解説(平成 29 年告示)：総則編』2017 年 (2017c)

文部科学省『小学校学習指導要領解説（平成 29 年告示）：特別の教科　道徳編』2017 年（2017d）

文部科学省『中学校学習指導要領（平成 29 年告示）』2017 年（2017e）

文部科学省『中学校学習指導要領解説（平成 29 年告示）：総則編』2017 年（2017f）

文部科学省『中学校学習指導要領解説（平成 29 年告示）：特別の教科　道徳編』、2017 年（2017g）

文部科学省『中学校学習指導要領（平成 29 年告示）解説　保健体育』2017 年（2017h）

文部科学省『中学校学習指導要領（平成 29 年告示）解説　音楽』2017 年（2017i）

文部科学省『中学校学習指導要領（平成 29 年告示）解説　技術・家庭編』2017 年（2017j）

文部科学省『中学校学習指導要領（平成 29 年告示）解説　国語編』、2017 年（2017k）

文部科学省『小学校学習指導要領（平成 29 年告示）解説（平成 29 年告示）解説　特別活動編』、2017 年（2017l）

文部科学省『高等学校学習指導要領（平成 30 年告示）』2018 年（2018a）

文部科学省『高等学校学習指導要領指導要領（平成 30 年告示）解説　情報編』、2018 年（2018b）

文部科学省「「平成 27 年度公立学校教職員の人事行政状況調査」「人事評価システムの取組状況（教諭等に対する評価）（平成 28 年 4 月 1 日現在）」、2021 年 https://www.mext.go.jp/component/a_menu/education/detail/__icsFiles/afieldfile/2016/12/21/1380740_07.pdf

文部科学省「令和 2 年度公立学校教職員の人事行政状況調査」、2022 年 https://www.mext.go.jp/a_menu/shotou/jinji/1411820_00005.htm

文部科学省「令和 3 年度公立学校教職員の人事行政状況調査」「人事評価システムの取組状況（教諭等に対する評価）（令和 4 年 4 月 1 日現在）」、2023 年 https://www.mext.go.jp/content/000226486.pdf

柳治男『〈学級〉の歴史学：自明視された空間を疑う』講談社、2005 年

吉田敦彦「〈教育×福祉〉四象限マップの双眼的視座：教育と福祉の視差を活かした連携のために」『基礎教育保障学研究』4：20-34、2020 年

吉田寛「非形式論理学の初期の発展とクリティカル・シンキングの起源」『京都大学文学部哲学研究室紀要』5：40-43、2002 年

頼羿廷「日本における新教員評価システムの取組に関する考察」『東北大学大学院教育学研究科研究年報』61(1)：207-228、2012 年

渡邉満・押谷由夫ほか『新訂　新しい道徳 1』東京書籍、2021 年

（本書に記載された URL への最終アクセスはすべて 2023 年 6 月 12 日である。）

索 引

あとがき

　学校教育は徳の教育や学習とどのように関わるのか。子どもたちは学校生活を通じてどのような徳を育むことができるのか。本書は、これらの問いに導かれ、哲学・教育哲学の分野で取り組んできた研究者たちが、学校という場を舞台とした徳の教育と学習のありうべき姿を描き出した一冊である。

　本書が成立した経緯について少しだけ述べておこう。哲学業界にいる人は同意してくれるのではないかと思うが、哲学と教育哲学のあいだには、控えめに言ってほとんど交流がない。私自身は古代ギリシア哲学と現代英米系の分析哲学を研究手法として、いわゆる哲学業界で育ってきたが、アリストテレスの「徳育（パイデイア）」概念の哲学的な基礎に関する博士論文で学位を取得したとき、ふと、教育哲学の研究者との交流がまったくなかったことに気がついた。このことを周りに話してみると、そうした交流の不在はどうも私だけではないことがわかった。しかし、ただ印象を述べても仕方がないので、科研費データベースを元にして、研究者の自己意識を客観的・統計的に調べてみた。すると、哲学と教育哲学のあいだには、構造的な交流の不在があることがわかった（立花 2016a；2016b）。いくつかの論文でそれを発表したところ、関心をもった研究者たちから好意的な反応をもらうようになった。

　そうした反応をうけて、教育の哲学に関心をもつ哲学者や教育哲学者に声をかけ、両者の研究交流を目的とした研究会を 2019 年 3 月に立ち上げた。それが、本書の母体となった教育哲学研究会である。一回三時間のこの研究会では、前半に教育哲学に関する海外の文献を皆で検討し、後半はメンバーや外部の人を招いて研究発表をしてもらうという二部構成である。始めるまでは、果たしてうまくいくだろうかと心配して

いたが、これが驚くほど議論がかみあった。隔月で都内に集まり開いていた研究会は、コロナ禍でオンラインへと移行しながらも、現在までつづいている。本書は、この交流の意義に賛同し、研究会に参加してくれた方々、またこちらからお声がけし企画の意義に賛同して下さった方々との手によるものである。これだけ多彩な方々に執筆して頂けたのは、本当に感謝しかない。（なお、日本学術振興会科学研究費補助金（基盤B）による研究事業「哲学、教育哲学、教育実践を架橋した共同研究による新たな徳認識論の理論の構築」の研究成果の一部でもある。）

　刊行に際しては、刑部愛香さんにお世話になった。教育関係の出版社に縁のなかった私は色々な出版社の本を眺め、東洋館出版社が良さそうだと思った。しかしいわゆるツテがなかったので、出版社のサイトにある「お問い合わせフォーム」から企画を持ち込んだ。一週間後、編集部の刑部さんからお返事があった。そして（二ヶ月半にわたる英国出張に発つ直前の）2022年6月末、都内の喫茶店で刑部さんにお目にかかりとても面白いので是非と乗って下さったことで、この企画が動き出した。本書の企図に関心を示し種々細かいところまで詰めてくださった刑部さん、また刑部さんの後任として本書の刊行に尽力してくださった五十嵐康生さんに御礼申し上げる。

　博士論文提出後、気づけば乳幼児から中学生までの四子を抱える父となり、「教育」もいつしか研究上の関心から日々の悩みへとなっていた。そうしたなか、あらためて教育について、徳という観点から理論と実践を往復しつつ考える機会を与えてくれた執筆者の方々に心より御礼申し上げる。本書を手に取った方々にとっても有益な一冊となることを願うばかりである。

2023年6月
　　三つの小中学校での運動会を終え一息ついた芒種の夜

（立花幸司）

執筆者一覧

編者

立花 幸司　　　千葉大学 大学院人文科学研究院 助教／ジョージタウン大学メディ
　　　　　　　　カルセンター 国際連携研究員

第1章

川村 雄真　　　筑波大学 大学院人間総合科学学術院 博士後期課程／同大学 総合学
　　　　　　　　域群 専門職員

第2章

飯塚 理恵　　　関西大学 日本学術振興会特別研究員PD

第3章／第13章

佐藤 邦政　　　茨城大学 大学院教育学研究科 助教

第4章

三澤 紘一郎　　群馬大学 共同教育学部 准教授

第5章

内山 直樹　　　千葉大学 大学院人文科学研究院 教授

第6章／第12章

中西 亮太　　　東京大学 大学院教育学研究科 博士後期課程

第7章

上村 崇　　　　福山平成大学 福祉健康学部 教授

第8章

村瀬 智之　　　東京工業高等専門学校 一般教育科 准教授

第9章

児島 博紀　　　富山大学 学術研究部教育学系 講師

第10章

藤井 翔太　　　テンプル大学 ジャパンキャンパス アカデミック・アドバイザー／講師

第11章

山田 圭一　　　千葉大学 大学院人文科学研究院 教授

第14章

土屋 陽介　　　開智国際大学 教育学部 准教授

徳の教育と哲学
理論から実践、そして応用まで

2023(令和5)年9月30日　初版第1刷発行

編 著 者：立花　幸司
発 行 者：錦織圭之介
発 行 所：株式会社　東洋館出版社
　　　　　〒101-0054 東京都千代田区神田錦町2丁目9番地1号
　　　　　　　　　　　　　コンフォール安田ビル2階
　　　　代　表　電話 03-6778-4343　FAX 03-5281-8091
　　　　営業部　電話 03-6778-7278　FAX 03-5281-8092
　　　　振　替　00180-7-96823
　　　　U R L　https://www.toyokan.co.jp
印刷・製本：藤原印刷株式会社
装幀・本文デザイン：藤原印刷株式会社

ISBN978-4-491-05378-3
Printed in Japan